기도의 사람들 2

## 기도의 사람들 2

글쓴이 | 박신일
일러스트 | 오기원
초판 발행 | 2025년 7월 16일
등록번호 | 제1988-000080호
등록된 곳 | 서울특별시 용산구 서빙고로65길 38
발행처 | 사단법인 두란노서원
영업부 | 2078-3333    FAX | 080-749-3705
출판부 | 2078-3331

책 값은 뒤표지에 있습니다.
ISBN 978-89-531-5146-8  04230
ISBN 978-89-531-4435-4  04230(세트)

독자의 의견을 기다립니다.
tpress@duranno.com    http://www.Duranno.com

ⓒ 이 출판물은 저작권법에 의해 보호를 받는 저작물이므로 무단 전재와 무단 복제,
무단 사용을 할 수 없습니다. 이를 어길 시 법적 조치를 할 수 있음을 알려드립니다.

두란노서원은 바울 사도가 3차 전도여행 때 에베소에서 성령 받은 제자들을 따로 세워 하나님의 말씀으로 양육하던 장소입니다. 사도행전 19장 8-20절의 정신에 따라 첫째 목회자를 돕는 사역과 평신도를 훈련시키는 사역, 둘째 세계선교(TIM)와 문서선교(단행본잡지) 사역, 셋째 예수문화 및 경배와 찬양 사역, 그리고 가정·상담 사역 등을 감당하고 있습니다. 1980년 12월 22일에 창립된 두란노서원은 주님 오실 때까지 이 사역들을 계속할 것입니다.

세상을 이기는 기도

박신일 지음

# 기도의 사람들 2

Genuinely
Joyfully
Carefully
Persistently
Regularly
Faithfully

두란노

# 목 차

프롤로그　　6

◇ 제1과
## 바울의 기도 I
하나님을 알게 하옵소서　　10

◇ 제2과
## 바울의 기도 II
부르심의 소망을 보게 하옵소서　　30

◇ 제3과
## 느헤미야의 기도 I
사명을 깨닫게 하옵소서　　54

◇ 제4과
# 느헤미야의 기도 Ⅱ
## 주님의 뜻을 행하게 하옵소서     82

◇ 제5과
# 다니엘의 기도 Ⅰ
## 하늘 문을 열어 주옵소서     106

◇ 제6과
# 다니엘의 기도 Ⅱ
## 끝까지 믿음으로 살게 하옵소서     132

삽화 설명     154
주     161

프롤로그

## 기도하기 위해
## 멈추십시오

    삼십 대 초반, 은퇴를 앞두고 계신 목사님의 후임자로 내정되어 동사 목회를 하던 때였습니다. 매일 새벽 기도를 인도하는 것이 젊은 목회자였던 저에게 쉽지 않았습니다. 때론 의무처럼 감당하기도 했습니다.

    하루는 새벽 예배 후 목사님과 조찬을 하게 되었는데 갑자기 저에게 "박 목사, 새벽마다 일어나는 것이 쉽지 않지?"라고 질문을 하셨습니다. "네, 힘들지요"라고 대답하면서 속으로는 '아시면서 왜 물어보시는 것일까?'라는 생각이 들었습니다. 그때 이어서 해 주신 말씀은 새벽 기도를 하는 저의 태도를 완전히 바꾸어 놓았습니다.

    "박 목사, 나는 새벽마다 아픈 성도들을 위해서 기도하고 나면 하루 목회를 다 한 것 같아. 놀아도 마음이 편해."

    그때 저는 속마음을 들킨 사람처럼 놀랐지만, 동시에 '나도 저런

마음으로 새벽 기도에 참여해야 하겠구나'라는 뜨거운 열망이 생겼습니다. 진심으로 목회한다는 것이 무엇인지, 아버지처럼 사랑으로 성도를 돌보시는 목사님을 통해 배울 수 있었던 순간이었습니다. 그날 이후 새벽 기도를 기쁜 마음으로 섬기기 시작했습니다.

목회의 여정 속에 새벽에 받은 축복이 참 많습니다. 새벽마다 기도 노트를 가지고 엎드렸습니다. 환우를 위해 기도하는 중에 하나님이 주시는 마음이 있으면 말씀을 적기도 하고, 심방 계획을 잡기도 했습니다. 교회를 위해 기도하는 중에 하나님이 주시는 지혜들을 공급받는 것은 세상이 알지 못하는 은혜였습니다. 하나님이 주신 마음을 따라 목회하고, 사역을 감당하고, 중요한 결정을 내리려고 노력해 왔습니다. 돌아보면 주님이 주신 말씀과 지혜와 그 응답으로 목회한 것이나 다름없습니다.

기도의 여정 속에서 배운 것이 참 많습니다. 기도할수록 자신의

무력함을 봅니다. 하지만 그 무력함은 우리를 낙심으로 끌고 가지 않습니다. "기도는 자기가 무력하다는 것을 아는 사람들을 위한 것이다"라는 오 할레스비(Ole Hallesby)의 말은 옳았습니다. 그래서 무력함은 기도할 때 우리를 낙심과 좌절의 자리가 아니라 주님을 더 붙드는 자리로 나아가게 합니다.

"당신이 무력감을 느끼는 것 자체가 바로 당신의 최고의 기도입니다."[1]

기도를 멈추면 염려와 근심이 시작될 것입니다. 세상이 우리를 휘두르는 일이 벌어질 것입니다. 하지만 기도하는 사람에게는 공통점이 있습니다. 기도하는 사람은 자신의 무력함과 동시에 하나님의 위대하심을 보게 됩니다. 이것이 기도하는 자의 삶에서 벌어지는 역전입니다. 기도의 목적은 기적을 목격하는 것이 아닙니다. 전능하신 하나님을 붙드는 것입니다. 그 주님과 동행하는 것입니다.

《기도의 사람들》 두 번째 책을 내는 이유는 성도들끼리 모여 함께 기도하고 싶기 때문입니다. 이 교재를 가지고 말씀을 나누며 함께 기도할 때 우리를 일으켜 주시는 하나님을 체험하고 싶기 때문입니다. "두세 사람이 내 이름으로 모인 곳에는 나도 그들 중에 있느니라"(마 18:20)라는 말씀은 주님이 나누어 주신 진심입니다. 그래서 모여서 함께 기도할 이유가 있습니다. 함께 기도하는 중에 용서가 일어나고, 상처가 회복되고, 낙심이 찬송으로 바뀌는 은혜가 있기를 기대합니다. 그리고 무엇보다 우리 각자의 삶 속에 주님을 만나는 규칙적인 기도의 시간이 자리 잡게 되기를 소망합니다.

기도하기 위해 멈추십시오.
기도는 모든 사람에게 평등합니다.

2025. 7
박신일

## 제1과

# 바울의 기도 I
### 하나님을 알게 하옵소서

---

"기도는 하나님과 나누는 대화이며 그분과 마주하는 자리로 이끌어 간다."[2]

기도는 혼잣말이 아닙니다. 기도는 하나님과 나누는 대화입니다. 그래서 그분을 아는 것은 기도의 방향을 결정합니다. 사도 바울은 깊이 정들었던 에베소 성도들이 하나님을 알게 해 달라고 간구합니다. 왜냐하면 이것이 우리를 바른 기도로 안내할 수 있기 때문입니다.

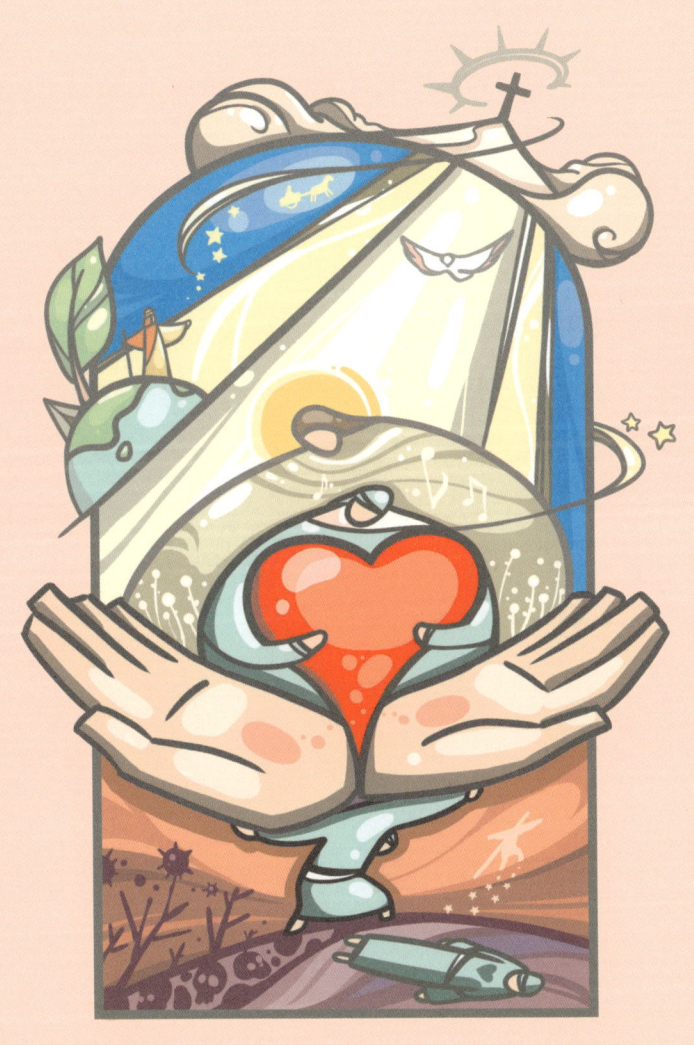

## 들어가기 Intro

현재 나의 마음을 지배하고 있는 것을 한 단어로 표현한다면 무엇인가요?

---

    사람에게는 누구나 자신을 사로잡는 것들이 있습니다. 일상 중에도 머릿속에서 맴도는 무언가가 있다면 바로 그것이겠지요. 에베소서에는 사도 바울의 마음을 사로잡고 있는 한 단어가 등장합니다.

━━━ 하나님을 알게 해 달라는 기도는 우리 삶의 기초를 바꿉니다

1. 에베소서 1장 3-6절을 읽어 봅시다. 바울의 가슴속에 있는 한 단어는 무엇일까요?

---

바울의 모든 서신에는 '예수 그리스도'라는 단어 하나가 그 중심에 있습니다. 바울의 심장에 예수 그리스도가 계시기 때문입니다. 그는 구약에 깊은 이해가 있었고 율법의 전문가였습니다. 그랬던 그가 그리스도를 통해 하나님이 누구신지를 더 깊이 알게 되었습니다.

하나님은 그리스도를 통해 하늘에 속한 모든 영적인 복을 우리에게 주셨습니다. 하나님은 창세전에 우리를 택하셨습니다. 이것은 하나님이 행하시는 구원의 경륜의 규모가 얼마나 크고 넓은지를 보여 줍니다. 그리고 하나님은 그리스도로 말미암아, 우리가 그리스도를 믿을 때 하나님의 자녀가 되는 영광스러운 일을 행하셨습니다. 바울은 그런 하나님을 생각할 때마다 찬송이 터져 나왔습니다. 놀라운 구원의 경륜을 행하신 하나님은 찬송 받기에 합당하신 분임을 고백합니다.

### 하나님의 구원 계획 [3]

| 엡 1:3-6 | 엡 1:7-12 | 엡 1:13-14 |
|---|---|---|
| 선택하심<br>(Election) | 구속하심<br>(Redemption) | 보호하심<br>(Protection) |
| 성부 하나님이<br>하신 일<br>(The Father) | 성자 그리스도가<br>하신 일<br>(The Son) | 성령이<br>하신 일<br>(The Holy Spirit) |

"그의 영광을 찬송하게 하려 하심이라"(엡 1:14).
(To the Praise of His Glory)

성부 하나님은 구원을 준비하시고 우리를 선택하셨습니다. 성자 예수님은 이 구원이 이루어지도록 십자가의 죽음을 본인이 택하시고 수행하셨습니다. 성령님은 이 복음의 비밀을 우리가 깨닫도록 눈을 열어 주시고 예수님을 믿을 때 인을 쳐서 우리의 구원이 보증받고 보호받도록 하십니다. 이와 같은 하나님의 구원 약속으로 우리는 죽음 앞에서도 죽음을 이길 줄 믿고 찬송하며 살아갈 수 있는 것입니다.

2. 에베소서 3장 14-19절을 읽어 봅시다. 우리가 하나님 아버지 앞에 무릎을 꿇고 기도해야 하는 이유는 무엇인가요?

| 기도해야 하는 이유 (에베소서 3장) ||
|---|---|
| 16절 | **속사람**을 능력으로 강건하게 |
| 17절 | 사랑 가운데서 **뿌리**가 박히고 터가 굳어지도록 |
| 18절 | 지식에 넘치는 **그리스도**의 사랑을 알고 |
| 19절 | **하나님**의 모든 충만하신 것으로 충만하게 되도록 |

중요한 것은 그리스도의 사랑을 아는 것입니다. 즉 하나님 안에 있는 그리스도의 사랑을 아는 것이 필요합니다. (하나님을 아는 것과 그리스도의 사랑을 아는 것은 정확히 연결되어 있습니다.) 이것을 알게 되면 예수 그리스도가 우리 삶의 최고 가치임을 깨닫게 됩니다. 왜냐하면 주님의 사랑을 알면 알수록 속사람이 강건하여지고 우리 삶의 뿌리와 기초가 견고해지기 때문입니다. 죽음도 이기는 구원의 약속이 우리를 붙들고 있기 때문입니다.

그러므로 하나님을 알게 해 달라는 기도는 그리스도를 통해 보여 주신 그 사랑의 너비와 길이와 높이와 깊이를 깨닫게 해 달라는 기도입니다. 그때 "우리보다 더 중요한 분은 하나님"[4]이라는 고백 위에 서게 될 것입니다. 곧 그 사랑을 통해 우리가 하나님을 위해 존재한다는 고백을 가슴에 품게 될 것입니다.

바울이 깨달은 것은 바로 자격 없는 자를 사랑해 주신 그리스도의 사랑이었습니다. "그리스도의 사랑이 우리를 강권하시는도다" (Christ's love compels us, 고후 5:14)라는 선언은 그의 삶 중심에 계신 분이 그리스도임을 고백하고 있습니다. 오늘, 나의 삶을 움직이고 있는 단어는 무엇입니까? 그리스도의 사랑이 우리의 삶 중심에 있도록 기도하지 않겠습니까?

3. 호세아 6장 6절과 예레미야 9장 23-24절을 읽어 봅시다. 하나님은 우리가 드리는 제사와 번제보다 무엇을 더 원하십니까? 그리고 우리가 진정으로 자랑해야 할 것은 무엇인가요?

---

구약의 예언자들은 백성들이 하나님을 아는 지식이 없음을 늘 한탄했습니다. 이스라엘이 무너진 이유는 다른 모든 것 이전에 하나님을 제대로 알지 못했기 때문입니다. 예배는 드리는데 예배의 대상인 하나님이 어떤 분이신지 모르고 예배합니다. 예물을 드리기는 하는데 그 예물을 받으시는 하나님이 무엇을 이미 이루셨고 앞으로 무엇을 이루어 가실지 알지 못한 채 예물을 바칩니다.

지금 우리에게 가장 중요한 것은 하나님을 아는 것입니다. 그 어떤 것보다도 여호와 하나님이 사랑과 정의와 공의를 이 땅에서 행하시는 분임을 아는 것이 우리의 자랑이 되어야 합니다. 그럴 때 우리 삶의 토대가 바뀝니다. 하나님의 놀라운 섭리와 운행을 알기에 상황과 조건에 흔들리지 않고 단단한 기초 위에 서 있게 됩니다.

4. 빌립보서 3장 7-9절을 읽어 봅시다. 자랑하던 모든 것을 해로 여길 수 있는 이유는 무엇인가요?

---

예수님을 아는 올바른 지식이 없다면, 우리는 눈에 보이는 것에 좌지우지됩니다. 병이 낫거나 사업이 잘되고 자녀가 좋은 학교에 들어가면 기도 응답이고 하나님의 사랑이라고 기뻐합니다. 그렇지 못한 경우에는 하나님의 사랑을 의심하고 좌절합니다. 지극히 세상적인 계산법으로 신앙의 세계를 가늠한다는 뜻입니다. 세상의 계산법을 내려놓을 때 모든 것이 합력하여 선을 이루시는 하나님의 경륜을 만날 수 있습니다. 이러한 하나님의 섭리와 사랑을 알 때, 나 중심의 관점에서 하나님 중심의 관점으로 삶을 바라보는 변화가 일어납니다. 잔느 귀용(Jeanne Guyon)은 이렇게 말합니다.

그리스도인이 하나님에 대한 자신만의 정의를 자기 기준으로 확고하게 정리한 상태에서 하나님께서 그가 기대한 것과 다르게 행동하신다면 그 사람은 분명히 낙심할 것이다. 하나님께 실망하고 낙심하는 모

습은 그가 하나님의 섭리에 자신의 영혼을 온전히 맡기지 않았다는 분명한 증거이다.[5]

… 불행한 사실은 하나님을 향한 그리스도인의 사랑이 실제로는 자기 존재의 만족을 추구하는 사랑일 때가 많다는 것이다.[6]

예수를 아는 지식이 가장 중요한 이유가 바로 여기에 있습니다. 하나님이 어떤 분이신지 알 때, 그리스도를 통해 이루신 일이 무엇인지 알 때, 그리고 앞으로 베푸실 놀라운 은혜를 바라볼 때 우리는 내게 유익하던 모든 것마저도 해로 여기고 배설물로 여기는 믿음에 이를 수 있습니다. 주님을 아는 지식은 우리 삶의 기초를 바꾸어 놓습니다. 주님을 알 때 비로소 주님을 진정으로 경외하게 됩니다. 그래서 구약의 지혜 문학은 하나님을 경외하는 것이 모든 지식과 지혜의 근본이며 거룩하신 하나님을 아는 것이 명철이라고 말합니다(잠 1:7; 9:10).

━━ 하나님을 아는 것은 우리 삶의 방향을 주님께로 바꿉니다

5. 갈라디아서 4장 3-5절을 읽어 봅시다. 하나님이 예수님을 율법 아래에 나게 하신 이유는 무엇인가요?

바울은 율법 아래 살았습니다. 그는 율법에 정통한 자였고 율법으로 의에 이를 수 있다고 믿었습니다. 자신이 의로운 자인 줄 알았습니다. 교회를 멸하고 예수 믿는 자들을 결박하려고 혈안이 되었던 사람이었습니다. 그는 예수님을 만나고 나서야 비로소 자신이 죄로 가득한 절망의 밤에 있었음을 깨닫게 됩니다. 그리스도의 사랑 앞에 고꾸라지고 맙니다. 예수님은 일부러 구약의 율법 아래 오심으로 율법 아래에 있는 사람들을 율법에서 해방되게 하셨습니다. 율법이 아니라, 오직 그리스도의 사랑 안에서만 구원을 얻고 하나님의 아들로서 누릴 수 있는 모든 권리를 갖도록 하셨습니다.

율법 아래 나셨으며, 죄 많은 우리를 버리지 않으시고 지금도 찾아오시는 주님을 아는 것이 삶의 모든 방향을 바꿀 수 있는 유일한 길입니다. 가장 힘든 상황, 가장 비참한 상황, 가장 부끄러운 상황일 때 우리 주님은 사랑으로 손 내미십니다. 복음은 절망의 날에 그 빛을 발하며 어둠 속에서 건져 주는 영원한 능력입니다. 이런 주님을 안다면 우리의 인생은 주님 중심으로 바뀝니다. 치명적인 문제가 있는 우리를 절대로 버리지 않고 끝까지 찾아오시는 사랑의 주님을 위해 살아가게 됩니다.

6. 예레미야 32장 25-28절과 36-37절을 읽어 봅시다. 나라가 멸망하는 상황 가운데 예레미야가 밭을 사 둬야 하는 이유는 무엇인가요?

---

남유다는 바벨론의 침공으로 풍전등화의 상황에 놓였습니다. 나라는 이제 곧 망하게 될 것입니다. 이 같은 현실을 직언하던 눈물의 예언자 예레미야는 투옥되었습니다. 그런데 하나님은 그에게 앞으로 빼앗길 그 밭을 은으로 사 두라고 말씀하십니다. 그리고 하나님이 이 땅을 회복시킬 것이고 바벨론의 포로에서 귀환시킬 것이라 약속하십니다.

지금 당장은 불가능해 보이지만 모든 육체의 하나님은 이 모든 일을 이루실 수 있습니다(렘 32:27). 이것이 복음입니다. 심판 뒤에 이어지는 회복의 약속, 절망 뒤에 찾아오는 사랑의 약속입니다. 그래서 복음을 가진 자는 눈앞의 현실에만 갇히지 않습니다. 보이지 않는 것에 투자할 수 있고 믿음으로 현실을 이겨 낼 수 있습니다. 이런 주님을 알면 알수록 우리 삶의 모든 방향이 보이지 않는 주님께로 향합니다.

구약에 정통한 바울은 예수님을 만난 후 구약의 예언이 그리스도께로 이어져 성취되었음을 알게 됩니다. 그리고 구약에서 예언된 좋은 소식을 가져오실 분이 바로 예수 그리스도라는 것을 알았을 때 그는 주님 앞에 엎드립니다. 그리스도의 십자가와 부활이 구약으로부터 흘러 내려온 완전한 복음임을 깨닫게 된 것입니다. 하나님을 알면 알수록 삶의 방향이 나에게서 하나님께로 옮겨갑니다.

--- 하나님을 아는 것은 날마다 영혼이 깨어 있는 것입니다

7. 고린도전서 9장 26-27절을 읽어 봅시다. 내 몸을 쳐 복종한다는 의미는 무엇일까요? 그리고 그렇게 해야 하는 이유는 무엇인가요?

바울은 그리스도인의 삶을 경주로 비유합니다. 구원받은 자는 하나님이 주실 상을 받기 위해 열심히 달음질하는 사람입니다. 규칙에 맞게 뛰지 않으면 상을 받지 못합니다. 목적 없이 살다가 하나님이 준비하신 상을 놓치지 않도록 해야 합니다. 그러기 위해 '자기 몸을 쳐 복종하게' 해야 합니다. 실제로 자기 몸을 내려치라는 것이 아니라, 정신 차리고 깨어 있으라는 뜻입니다. 그래야 절제할 수 있고 그리스도께 복종할 수 있기 때문입니다. 하나님이 어떤 분이신지 알 때 우리의 영혼은 깨어납니다. 하나님이 베푸신 사랑을 기억할 때, 또한 우리의 삶이 하나님을 만나는 순례라는 사실을 깨달을 때 우리는 절

제합니다. 바울은 스스로 자신을 쳐서 하나님이 원하시는 사람으로, 상 받는 사람으로 끝까지 살고 싶다는 고백을 한 것입니다.

그러므로 우리는 하나님을 알도록 기도해야 합니다. 그 사랑에 깨어 있게 해 달라고 기도해야 합니다. 우리의 심장에 그리스도의 사랑이 오늘도 흐르게 해 달라고 기도해야 합니다. 그러면 자원하는 마음으로 절제하는 삶이 이루어질 것입니다.

## 나눔과 기도

하나님은 우리를 향한 큰 구원의 경륜을 그리스도를 통해 이루셨습니다. 죽음을 이기는 구원의 약속을 받은 사람은 삶의 기초와 토대가 송두리째 바뀌는 역사를 경험합니다. 그래서 바울은 그리스도의 사랑을 알게 해 달라고 간절히 기도합니다. 하나님을 알고 그리스도의 사랑을 알게 되면 우리 삶의 기초가 바뀌기 때문입니다.

또한 하나님을 알면 우리의 삶의 방향도 바뀝니다. 가장 비참하고 부끄러운 우리에게 먼저 다가오시는 그 사랑을 안다면 인생의 방향을 주님께로 바꾸고 주님을 위해 살아가겠다고 결단하게 됩니다. 그뿐만 아니라 하나님이 원하시는 삶을 살기 위해 날마다 영혼이 깨어 있고 절제하는 인생이 됩니다. 쓰러진다고 좌절할 일이 아닙니다. 다시 일어나 하나님을 향해 걸어갈 수 있도록 붙드시는 사랑이, 그 은혜가 우리의 죄를 이겼습니다. 그것이 그리스도의 사랑이고 하나님을 아는 것입니다. 넘어졌다고 동일하게 살 일이 아닙니다. 여호와께 돌아가야 합니다.

1. 지금 겪고 있는 고통과 풀어야 할 문제가 있다면 잠시 나누어 봅시다. 고통과 문제 앞에서도 찬송할 수 있는 믿음을 가지려면 어떻게 해야 할까요?

---

🙏 하나님이 어떤 분이신지 아는 것이 모든 문제 해결의 출발점입니다. 주님이 우리 삶의 기초가 되고 토대가 되시면 돈은 돈의 자리로, 자녀는 자녀의 자리로, 사업은 사업의 자리로 제자리를 찾을 것입니다. 모든 고통과 문제보다 크신 하나님을 알고, 죽음도 이기고 영생으로 이끄시는 하나님의 구원을 바라볼 때 절대 찬송이 터져 나오는 것입니다.

우리가 믿는 하나님이 어떤 분이신지 올바로 알 수 있도록 기도하겠습니다. 어떤 상황에서도 찬송이 멈추지 않도록 기도하겠습니다. 바울의 고백처럼 오직 그리스도를 보내 주신 하나님의 사랑을 알고 믿는 믿음으로 이런 기도를 드리면 어떨까요? "찬송하리로다!" 그리스도의 사랑 때문에 이렇게 기도합니다.

2. 죄로 인해 방황했을 때, 세상이 주는 즐거움에 빠져 있을 때, 낙심하고 쓰러졌을 때 주님은 우리를 포기하거나 버리셨습니까? 내가 만난 하나님, 말씀을 통해 가르쳐 주시는 하나님은 나에게 어떤 분이셨는지 솔직하게 나누어 보시기 바랍니다.

---

바울은 하나님의 교회를 핍박하고 그리스도인을 잡아들였던 사람이었습니다. 그러나 하나님은 그를 포기하지 않으셨습니다. 우리는 끝까지 붙드시고 사랑하시는 하나님을 알고 믿어야 합니다. 비록 지금 그렇게 보이지 않는 상황에 처해 있을지라도 하나님은 결코 나를 버리지 않으실 것을 믿습니다.
"주님, 그 믿음 위에 서게 해 주십시오. 나 중심으로 생각하는 인간의 감정을 따라 사는 것이 아니라, 하나님이 돌보신다는 약속을 믿는 믿음 위에 서서 기도하며 살아가게 해 주십시오. 그때 우리는 하나님의 사랑을 향해 달려가는 삶으로 바뀔 것입니다. 하나님, 저희 마음 중심에 '예수 그리스도' 한 분이 계시게 하옵소서. 다른 어떤 것도 그 자리를 빼앗지 못하도록 도와주십시오." 하나님을 알 때 이 고백이 평생의 고백이 될 줄 믿습니다. 함께 기도하지 않겠습니까?

3. 나를 향한 주님의 사랑에 응답하기 위해 지금 내게 필요한 것은 무엇인가요? '여호와를 기뻐하는 것이 우리의 힘'이 되는 삶을 살려면 어떻게 해야 합니까?

---

🙏 바울은 하나님을 알고 하나님의 사랑이 핏속에 흐르기 시작했습니다. 그리고 매일 주님께 나아가기 위해 기도했습니다. 내 멋대로 살고 싶어 하는 죄성을 이겨 내기 위해 자아가 죽는 기도, 죄를 토하는 기도를 멈추지 않았습니다.
하나님을 알수록 우리 영혼이 깨어납니다. 그리스도의 사랑을 알수록 우리 자신의 사랑이 얼마나 초라한 것인지를 발견합니다. 하나님의 사랑을 더 아는 것은 우리의 믿음을 깨우는 길이 됩니다. "하나님, 저의 믿음, 저의 영혼을 날마다 깨워 주십시오. 하나님이 원하시는 한 사람의 그리스도인으로 빚어져 가도록 저를 매일 고쳐 주십시오." 함께 기도하겠습니다.

## 결단의 기도

하나님 아버지, 주님은 우리의 창조주이십니다. 구원자이시며 우리를 돌보시는 목자이십니다. 그 사랑의 너비와 길이와 높이와 깊이를 더 알게 하시어 하나님이 돌보시지 않고는 설 수 없는 자임을 깨닫고 고백하며 살게 하옵소서. 그 사랑을 알 때, 세상을 향하던 걸음이 하나님을 향해 달려갈 줄 믿습니다. 하나님을 알게 해 주십시오. 더 알게 해 주십시오. 그리스도를 통해 드러내 주신 그 사랑을 깨달아 감으로 우리의 영혼이 매일 살아 있게 하옵소서. 우리의 믿음이 껍데기가 아니라 실제가 되게 하옵소서. 예수 그리스도의 이름으로 기도합니다. 아멘.

그러나 무엇이든지 내게 유익하던 것을
내가 그리스도를 위하여 다 해로 여길뿐더러
또한 모든 것을 해로 여김은
내 주 그리스도 예수를 아는 지식이 가장 고상하기 때문이라
내가 그를 위하여 모든 것을 잃어버리고
배설물로 여김은 그리스도를 얻고
그 안에서 발견되려 함이니 내가 가진 의는
율법에서 난 것이 아니요
오직 그리스도를 믿음으로 말미암은 것이니
곧 믿음으로 하나님께로부터 난 의라

빌 3:7-9

## 제2과

# 바울의 기도 II

부르심의 소망을 보게 하옵소서

---

"매 순간 탐욕의 무덤이 아니라 신비의 무덤을 선택하도록 하십시오."[7]

아브라함에게는 자신이 선택한 하란의 삶이 있었고 하나님이 부르신 곳의 삶이 있었습니다. 모세에게는 머물고 싶었던 궁중의 삶이 있었고 고난이 기다리고 있는 광야의 삶이 있었습니다. 모두 선택이 필요했습니다. 그리스도인의 삶은 부르심을 따라 사는 삶입니다. 신앙의 길은 사라질 것을 위해서가 아니라 영원한 것을 위해 사는 길이기 때문입니다.

## 들어가기 Intro

물건을 구매할 때 우리는 보통 가격이 저렴하면서도 좋은 것을 찾습니다. 그리고 적은 액수를 투자해서 많은 이자를 받고 싶어 합니다. 그렇다면 우리의 신앙생활은 어떻습니까? 혹시 최소한의 투자를 통해 최대한의 효과를 얻으려는 신앙생활을 꿈꾸지는 않는지요? 신앙생활을 어떤 마음으로 하고 있는지 진솔하게 나누어 보십시오.

---

세상에서 살아갈 때 대부분의 사람은 최소의 노력과 비용으로 최대의 이익과 효과를 얻으려고 합니다. 그것이 세상 사는 지혜요 효율적인 삶이라고 말합니다. 그러나 신앙생활은 다릅니다. 내 마음대로 살아 놓고 하나님이 잘했다고 칭찬해 주시기를 바라지는 않나요? 믿음의 여정에서 그것은 지혜도 효율도 아닙니다. 주님은 모든 것을 아십니다.

믿음으로 사는 삶은 이 세상을 순례자(pilgrim)로 사는 것입니다. 순례자는 이 세상에 소망을 두지 않고 영원한 것을 바라보며 살아갑니다. 그렇기에 세상의 것이 아닌 영원한 것에 삶을 투자합니다.

당신은 어디에 투자하는 삶을 살고 있나요? 마음의 눈이 활짝 열려 영원한 "부르심의 소망"(엡 1:18)을 깊이 깨닫고 그 소망에 인생을 정성껏 드리는 축복이 있기를 바랍니다.

━━━ 마음의 눈을 밝혀 달라는 기도는 부르심의 소망을 깨닫게 합니다

1. 에베소서 1장 18절을 읽어 봅시다. 우리를 향한 부르심의 소망이 무엇인지 알려면 무엇이 필요한가요?

---

바울은 "마음의 눈"이 열려서 부르심의 소망이 무엇인지 알게 해 달라고 기도합니다. 눈은 볼 수 있는 것에만 반응합니다. 내 눈이 병들거나 보이지 않을 때 내 가족은 물론이고 아름다운 풍경도 볼 수 없습니다. 그렇다고 그 모든 것이 사라진 것은 아닙니다. 내가 보지 못해도 그것들은 실재합니다.

마음의 눈을 밝혀 달라고 기도하는 이유는 지금 우리 눈에는 보이지 않지만, 실재하는 하나님의 질서와 법칙들을 볼 수 있기 위함입니다. 마음의 눈이 어두워지면 하나님의 세계를 보지 못하고 허망한 것에 투자하는 죄에 빠지기 때문입니다. 마음은 인격의 중심입니다. 우리를 향한 부르심의 소망이 무엇인지 알려면 눈에 보이지 않는 영원한 것을 삶 가운데서 마음의 눈으로 볼 수 있도록 기도해야 합니다.

**에베소서의 구성** [8]

| 엡 1-3장 | 엡 4-6장 |
|---|---|
| 그리스도인의 신분 | 그리스도인의 생활 |
| 믿음 | 삶 |
| 하나님의 자녀가 되는 특권 | 하나님의 자녀가 되는 책임 |
| 하나님이 주시는 신령한 복 | 다른 사람에게 흘러가는 복 |

　에베소서의 전반부는 믿음의 본질을 얘기합니다. 하나님을 믿을 때 우리에게 주시는 특권과 신령한 복을 설명합니다. 후반부의 주제는 "어떻게 살 것인가?"입니다. 하나님의 자녀가 되는 특권을 얻었고 신령한 복을 받았다면, 그것이 흘러넘쳐 다른 사람에게 가게 해야 합니다.

2. 로마서 8장 28-30절을 읽어 봅시다. "부르심을 입은 자"는 어떤 사람을 의미하는 것일까요?

---

　"부르심을 입은 자"는 예수님을 믿고 의롭다 함을 받은 사람을 뜻합니다. 즉 그리스도인을 말합니다. 우리는 하나님의 구원에 부

르심을 받은 자들입니다. 하나님은 우리를 죄와 사망에서 '부르셨습니다.' 하나님의 말씀을 믿고 그 말씀이 삶에서 실제로 역사하는 사람이 부르심을 입은 자입니다. 결국 우리가 인생에서 겪는 수없이 많은 일이 합력해서 하나님의 선을 이루는 목적을 향해 가고 있음을 고백하는 자들입니다.

3. 로마서 8장 30절만 다시 한 번 읽어 봅시다. 우리를 영화롭게 하는 주체는 누구인가요? 우리 자신인가요, 하나님이신가요?

---

부르심을 입은 자로서 우리는 거듭남에 대한 확신이 필요합니다. 구원받았음을 확신해야 합니다. 왜냐하면 구원의 확신을 사탄이 자꾸만 흔들어 놓기 때문입니다. 부르심을 받았지만 그렇지 않은 것처럼 우리를 괴롭히고 넘어뜨리려 합니다. 구원의 확신에 흠집을 내고 의심하게 만듭니다. 하지만 의롭게 하신 분도 하나님이시며, 우리를 영화롭게 하신 분도 하나님이시라고 바울은 분명히 말합니다. 우리 힘으로 영화에 이르는 것이 아닙니다. 우리를 부르심, 즉 구원의 확신은 이와 같은 '약속의 말씀'에 근거한 것이지 나의 주관적 감정으로 왔다 갔다 하는 것이 아닙니다.

4. 에베소서 1장 19절을 읽어 봅시다. 바울은 믿음을 가진 우리가 무엇을 알고 깨닫도록 기도하고 있나요?

---

바울은 주께서 베푸신 구원의 능력이 얼마나 큰 것인지 우리가 알게 해 달라고 기도하고 있습니다. 구원을 향한 부르심의 소망은 그 근거가 우리 자신에게 있지 않다는 뜻입니다. 나의 업적도 아닙니다. 오직 "그의 힘의 위력으로 역사"하시는 하나님의 능력과 신실하심에 있습니다. 그것이 바로 복음입니다. 우리가 무엇을 해야 부르심에 합당한 자격이 있을까요? 얼마나 많은 일을 해야 구원이 흔들리지 않을 수 있을까요? 그 어떤 것도 하나님의 완전하심에 충족될 수 없습니다. 그래서 우리가 소망이 아니라 하나님의 은혜가 소망입니다. 이것을 알고 깨닫는 자가 흔들리지 않는 믿음 위에 견고히 서 있을 수 있습니다.

■ 날마다 하나님의 말씀 앞에 나를 세우십시오

5. 에베소서 1장 12-14절을 읽어 봅시다. 하나님이 우리를 구원하시고 부르신 이유는 무엇인가요?

---

하나님이 우리를 부르신 이유는 우리를 향한 꿈과 기대가 있으시기 때문입니다. 우리를 향한 하나님의 소원은 그분의 영광을 찬송하게 하시는 것입니다. 우리는 결코 소망이 될 수 없습니다. 소망의 근거는 오직 하나님께 달려 있습니다. 그러나 우리가 소망의 도구는 될 수 있습니다. 하나님의 소원을 이루는 도구가 되기 위해 우리는 부르심을 받았습니다.

부르심을 받았다는 관점으로 자신의 주변을 돌아보면 보이지 않던 것이 보일 수 있습니다. 먼저 가족을 한 사람씩 살펴보십시오. 그들을 위한 나의 부르심은 무엇이라고 생각하십니까? 구체적으로 나누어 보십시오. 자신이 속한 일터, 교회, 셀 처치, 학교 등에서 만나는 사람들을 돌아보면 하나님이 맡기신 일들을 발견할 수 있습니다. 더 나아가 하나님 나라의 도래를 위한 선교적 부르심은 무엇인지도 나눌 수 있습니다. 오늘 가장 나누고 싶은 것을 이야기해 보십시오.

6. 고린도전서 6장 18-20절을 읽어 봅시다. 우리 몸은 누구의 것입니까?

---

음행하는 자는 자기 몸에 범죄하는 자입니다. 왜냐하면 몸은 우리의 것이 아니기 때문입니다. 부르심을 입은 자는 내가 소유한 것을 내 것이 아니라고 고백하는 사람입니다. 바울은 고린도전서에서 우리의 몸도 성령이 계시는 전(temple)이라고 선언합니다. 즉 우리의 몸이 우리의 것이 아님을 명심하고 "너희 몸으로 하나님께 영광을 돌리라"(고전 6:20)고 권합니다.

이러한 삶은 저절로 이루어지지 않습니다. 은혜를 거부하던 어거스틴(Augustin)은 말씀을 깨닫고 마침내 욕망을 따라 살던 삶의 사슬을 끊었습니다. 그는 최상의 기쁨에 사로잡힌 삶을 살았습니다. 이에 대해 존 파이퍼(John Piper)는 이렇게 이야기합니다. "그는 욕망을 거부하기 위해 자신의 자유의지에 의존하는 것이 얼마나 헛된 일인지 고통스럽지만 잘 알고 있었다."[9] 우리 몸을 성전으로 만들어 가는 삶에는 반드시 성령의 도우심이 필요합니다. 기도가 살아 있어야 우리 몸이 하나님의 영광을 드러내는 도구로 지어져 갈 수 있습니다.

그러므로 기도를 배워야 한다. 거기엔 선택의 여지가 없다.[10]

7. 빌립보서 1장 19-20절을 읽어 봅시다. 바울의 간절한 기대와 소망은 무엇인가요?

---

바울은 예수님을 만나고 예수님이 누구신지 알고 나서, 그분이 자신의 생명보다 귀한 분이심을 깨닫습니다. 바울은 하나님의 꿈과 소원을 알고 있었습니다. 그리고 그는 '살든지 죽든지 내 몸에서 그리스도가 존귀하게 되고 나를 통해 주님이 높임을 받으시는 것'이 자신의 소원이라고 말합니다. 결국 바울은 하나님이 주신 은혜의 복음을 증거하는 일에 "나의 생명조차 조금도 귀한 것으로 여기지 아니하노라"(행 20:24)라고 고백합니다. 바울에게는 하나님의 소원을 이뤄 드리는 것이 그의 기대와 소망이 된 것입니다.

자신의 삶을 통해 그리스도가 존귀하게 되길 원한다는 바울의 고백 안에는 그가 만난 주님의 사랑이 흐르고 있습니다. 헌신의 출발점은 그리스도의 사랑을 만난 곳입니다. 여러분의 마음속에 그 사랑이 흐르고 있습니까? 혹시 분주한 삶 때문에 그 사랑을 묻어 둔 채 살아가고 있는 것은 아닙니까? 살든지 죽든지 그리스도가 존귀하게 되기를 바라는 그 소원이 우리 안에 매일 살아 있기를 바랍니다.

바울의 이와 같은 고백 앞에서 우리는 신앙적 열등감에 빠질 수도 있습니다. 바울에 비하면 우리의 모습은 현저히 부족하기 때문입니다. 육신의 원하는 바와 욕망을 따라 산 세월이 많아 하나님 앞에 죄송한 마음이 먼저 듭니다. 동시에, 우리도 바울처럼 극적인 체험이 있었다면 다른 삶을 살았을 것이라 자문도 해 봅니다. 하지만 우리가 특별한 부르심의 기적이 없어서 헌신하지 못한 것인가요? 바울이 받은 부르심의 핵심은 극적인 체험이 아닙니다. 바울의 가슴속에 찾아온 주님의 말씀입니다. 주님의 말씀이 가슴에 부딪히는 순간 그는 삶을 주께 드렸습니다.

말씀 앞에 설 때 하나님의 부르심이 들립니다. 말씀 앞에 설 때 우리가 매일 걸어가야 할 길이 보일 것입니다. "아침에 나로 하여금 주의 인자한 말씀을 듣게 하소서 내가 주를 의뢰함이니이다 내가 다닐 길을 알게 하소서 내가 내 영혼을 주께 드림이니이다"(시 143:8). 다윗의 고백이 매일 우리의 고백이 되기를 바랍니다.

8. 히브리서 11장 1-3절을 읽어 봅시다. 눈에 보이는 이 세계에 살아가면서도 보이지 않는 세계를 보고 누리려면 무엇이 필요한가요?

---

히브리서 11장은 믿음의 사람들이 믿음으로 평생을 걸어가는 이야기로 가득합니다. 보이는 세상에서 보이지 않는 영적인 세계

를 바라본 사람들입니다. 믿음은 눈에 보이지 않는 세계를 볼 수 있게 합니다. 그리고 그들은 하나님의 나라와 영광에 비추어 자신을 이 세상에 적응시키며 살아갑니다. 그렇다고 수도원에 들어가 모든 것을 포기한 채 살라는 것이 아닙니다. 삶에서 느낄 수 있는 건강한 기쁨을 누리고 공유하되 이 기쁨을 하나님의 영광을 향한 기쁨으로 승화시키며 나아가자는 것입니다.

우리에게 세상의 욕구와 욕망은 차고도 넘칩니다. 그리고 이미 많이 누렸고 지금도 누리고 있습니다. 이제 믿음의 눈을 들어 하나님의 부르심을 바라보고 사명의 소망으로 나아가야 하지 않을까요? 하나님의 부르심에 대한 사명의 소망이 세상에 대한 욕망을 이기도록 해야 합니다. 그러려면 우리에게는 하나님의 영광을 바라보는 훈련이 필요합니다. 그것이 바로 말씀입니다. 하나님을 위해 사는 것이 정말 가치 있다는 것을 깨달으려면 자기 자신을 말씀 앞에 가져다 놓는 삶이 회복되어야 합니다. 우리 안에 세상에 대한 욕망이 사라지지 않는 이유는 늘 눈으로 보고 그것에 노출되어 있기 때문입니다. 우리 자신을 말씀에 더 노출하십시오. 말씀이 나를 지배하고 통치하면 하나님 나라에 대한 열망이 내 마음에 들어오고, 하나님의 영광을 향한 나의 역할을 찾아 나서게 될 것입니다.

이렇게 생각해 보십시오. 지갑에 있는 10만 원(혹은 100달러)의 돈은 실체입니다. 무엇에 사용할 돈인지 명확히 알고 있습니다. 실제로 우리는 그 돈을 사용하여 점심을 사 먹기도 합니다. 집에 있는 냉

장고 안에 있는 과일은 언제든지 먹을 수 있는 실체입니다. 과연, 우리의 믿음도 그렇습니까? 하나님이 주신 약속의 말씀도 우리가 삶 속에서 사용할 수 있는 실체입니까? 히브리서 11장 27절은 모세가 왕궁을 떠나 광야의 길로 나아갔을 때, "보이지 아니하는 자를 보는 것같이 하여 참았으며"라고 기록하고 있습니다. 그에게 하나님과 그분의 나라는 보이지 않았지만 삶 속의 실체였습니다. 우리에게 이 믿음이 필요합니다. 하나님의 말씀이 삶의 실체가 되는 믿음 말입니다. 그 믿음을 가지고 세상을 살아가기를 소망합니다.

A. W. 토저(A. W. Tozer)의 말에 귀를 기울여 보십시오.

> 당신은 당신 영혼의 부흥을 원하는가? 진정 원하는가? 그렇다면 지금 당장 집으로 가서 라디오와 TV의 플러그를 뽑고 열흘 동안 다시 꽂지 말라. 라디오와 TV를 버리라는 말이 아니다. … 그리고 하나님과 단 둘이 만나는 시간을 가져라. 이것이 단순하게 사는 첫걸음이다.[11]

토저의 생애는 1897년부터 1963년까지였습니다. 사람들은 그를 급진적이라고 불렀습니다. 그 시대에도 신앙을 방해한 것은 미디어에 보내는 시간이었던 것 같습니다. 하나님의 말씀에 귀를 기울이지 못하게 하는 것으로부터 분리하여 하나님과 나만의 시간을 가져 보십시오. 말씀 앞에서 들리지 않던 하나님의 음성을 듣게 되고, 눈으로 볼 수 없던 것을 믿음으로 보게 될 것입니다. 믿음은 들음에서 오며, 들음은 그리스도의 말씀에서 옵니다(롬 10:17).

당신은 순례자의 길을 걷고 있습니까? 아니면 방황의 길을 걷고 있습니까? 말씀을 통해 부르심의 소망과 영원을 바라보게 될 때 우리는 세상 속에서 방황하는 인생을 끝내고 믿음의 순례의 여정을 걷게 될 것입니다. 그때 나를 위한 삶이 아니라 주님께 드릴 열매가 있는 삶을 살아갈 것입니다.

━━ 내가 성취한 것이 아니라 주께 드린 삶이 영원한 것입니다

9. 에베소서 1장 18절과 로마서 8장 18절을 읽어 봅시다. 부르심을 입은 자들이 현재의 고난을 이길 수 있는 이유는 무엇을 알기 때문인가요?

---

바울은 부르심을 입은 사람들이 하나님이 장차 주실 영광의 풍성함이 무엇인지 알고 소망 가운데 살아가기를 기도합니다. 또한 "현재의 고난은 장차 우리에게 나타날 영광과 비교할 수 없도다"(롬 8:18)라고 선포합니다.

인생을 살면서 누구든지 고난을 경험합니다. 고난이 힘들지 않다는 뜻이 아닙니다. 고난을 이길 수 있도록 바라보게 하는 영광

의 실체가 있다는 뜻입니다. "어두운 데에 빛이 비치라 말씀하셨던 그 하나님께서 예수 그리스도의 얼굴에 있는 하나님의 영광을 아는 빛을 우리 마음에 비추셨느니라 우리가 이 보배를 질그릇에 가졌으니 이는 심히 큰 능력은 하나님께 있고 우리에게 있지 아니함을 알게 하려 함이라"(고후 4:6-7). 하나님을 믿고 따라가는 자에게 주어질 영광의 결말은 오늘의 고난을 이기게 합니다. 고난을 이기시고 하나님 보좌 우편에 앉으신 어린양, 승리하신 그리스도의 영광을 바라보십시오.

데이빗 프라이어(David Prior)는 "우리가 주님을 바라봄으로써 우리는 하나님의 영광을 보게 됩니다"[12] 라고 말합니다.

이 사실은 다시 한번 예배의 중요성을 강조합니다. 예배를 통해 하나님의 영광에 우리의 자세를 집중시킴으로 세상의 고난이 하나님의 통치 아래 있음을 확신할 수 있기 때문입니다.

10. 고린도후서 4장 16-18절을 읽어 봅시다. 바울은 우리가 겪는 환난을 "경한 것"이라고 표현합니다. 그 이유는 무엇인가요?

---

바울은 부르심을 입은 자들이 누리게 될 영광을 '무게'로 표현

합니다. 하나님을 위해 사는 자들은 세상에서 아무리 큰 비극을 당한다고 해도 장차 나타날 영광스러운 영광의 무게와 비교한다면 상대적으로 그 무게가 가벼울 수 있다는 뜻입니다. 바울은 여기서 가치의 개념을 무게의 개념으로 바꿉니다. 우리가 장차 하나님 앞에 서서 누릴 영광의 무게가 크기 때문에, 보이는 이 땅에서 잠깐 받는 환난은 경한 것이 될 수 있습니다.

C. S. 루이스(C. S. Lewis)는 《영광의 무게》라는 책에서 인간의 욕구 중에서 가장 큰 것은 인정받고 싶은 욕구라고 설명합니다. 우리가 세상 속에서 믿음을 지키고 하나님 앞에 서는 날, 온 세상을 창조하신 하나님이 "잘하였도다. 착하고 충성된 종아"라고 칭찬해 주실 때 과연 영광의 무게를 견뎌 낼 수 있겠느냐고 질문합니다. 그 영광의 무게를 기대하는 사람이 어떻게 이 세상의 죄악에 함부로 자신의 몸을 버릴 수 있겠느냐는 것입니다. 마찬가지로, 그 영광의 무게를 기대하는 사람은 오늘의 고난을 이겨 나갈 힘을 얻지 않겠습니까? 고난이 가벼워서가 아닙니다. 우리가 누리게 될 영광의 무게가 놀랍기에 이긴다는 것입니다. 고난 앞에서 하나님의 영광을 바라보며 기도하고 그 광야를 건너가는 우리가 되길 기도합니다.


11. 고린도후서 4장 18절만 다시 한 번 읽어 봅시다. 영원한 것은 무엇일까요?

보이지 않는 것이 영원한 것입니다. 우리는 모두 보이는 것을 성취하려고 발버둥 칩니다. 하나님 나라에서 상속받을 영원한 영광을 외면하고 살아갑니다. 그러나 하나님의 말씀은 분명히 선언합니다. "보이지 않는 것은 영원함이라"(고후 4:18)라고 말입니다. 그래서 바울은 마음의 눈을 열어 우리가 받을 영원한 상속의 풍성함이 무엇인지 알게 해 달라고 기도합니다.

그렇다면 하나님 나라에서 상속받을 영원한 것은 구체적으로 어떤 것일까요? 우리가 성취하려고 애쓰는, 눈에 보이는 것이 결코 아닙니다. 교회의 사역이라 할지라도 자신이 드러나기 위한 것이라면 잠깐입니다. 영원하신 하나님께 드린 것만이 영원할 것입니다. 사심 없이 하나님께 드린 순종과 헌신이 영원합니다. 우리 모두 다시 그런 자리로 돌아가지 않겠습니까?

## 나눔과 기도

"이 백성은 내가 나를 위하여 지었나니 나를 찬송하게 하려 함이니라"(사 43:21)라는 이사야서 말씀처럼 하나님의 자녀로 선택받은 자는 하나님의 영광을 위해 부르심을 입은 자입니다. 바울은 에베소서 2장 10절에서 그리스도인을 "그리스도 예수 안에서 선한 일을 위하여 지으심을 받은 자"로 표현합니다. 이것이 그리스도인의 정체성입니다. 보이는 세상에만 노출되는 사람이 아니라 하나님 앞에, 그분의 말씀 앞에 자신을 세움으로 하나님 나라의 소원과 기대로 가득 찬 한 사람의 그리스도인이 되어 가고 싶지 않습니까? 하나님의 영광을 위한 도구로 살고 싶은 기대가 있지 않습니까?

1. 여러분은 달려갈 길을 다 마친 후, 우리의 부족한 믿음이지만 하나님이 그 영광의 나라에 받아 주실 것을 믿고 있습니까? 그 믿음이 얼마만큼 실제하는지 솔직하게 나누어 보십시오. 그리고 보이는 것, 우리가 가지고 있는 소유의 실체 이상으로 하나님을 만날 그 영광의 날이, 약속의 말씀이 이루어질 것이라는 사실이, 하나님 나라의 도래가 실체임을 믿고 살아가도록 기도하지 않겠습니까?

왜 우리는 보이는 것에 집착하고 살아갑니까? 왜 자꾸 세상에 마음을 빼앗깁니까? 눈에 보이는 것에는 쉽게 집착하면서도, 보이지 않는 하나님의 나라와 영광은 잊고 장차 다가올 영원한 복의 실제를 누리지 못할 때가 많은 것은 왜일까요? 그 고민을 서로 나누어 봅시다.

---

🙏 예수 그리스도를 통해 구원받은 그리스도인은 모두 하나님 나라와 그 영광을 위해 부르심 받은 자들입니다. 그런데 왜 하나님의 영광을 위한 일은 자주 삶의 우선순위에서 밀려날까요? 보이지 않는 하나님 나라를 위해 살려면, 먼저 하나님의 은혜에 흠뻑 젖어야 합니다. 그 은혜를 가슴에 새기고 또 새길 때, 주님을 향해 살아갈 준비가 됩니다. 죄성을 지닌 우리는 스스로 하나님의 영광을 바라볼 수 없습니다. 그러므로 이렇게 기도해야 합니다. "주님, 은혜의 자리를 사모하게 하시고, 예배 드림이 인생의 최우선순위가 되게 하옵소서. 살아 있는 예배를 드림으로 은혜에서 멀어지지 않게 하옵소서. 그래야 내 영혼이 하나님 나라와 그 영광을 실제로 간직하고 살아갈 수 있습니다. 예배하는 일에 게으르지 않고 늘 깨어 있는 부지런한 성도가 되게 하소서."

2. 왜 바울은 마음의 눈을 밝혀 달라고 기도합니까? 또한 부르심의 소망과 성도들에게 베푸시는 하나님의 영광스러운 상속이 얼마나 풍성한지 알도록 기도하고 있습니까? 그의 기도 속에 답이 감추어져 있습니다. 우리의 눈은 육신으로 보는 것에 익숙해져 있기 때문입니다. 그래서 눈을 밝혀 달라는 것은 수동태입니다. 우리가 기도할 때 성령님이 우리의 영적인 눈을, 믿음의 눈을 밝혀 주시는 일이 일어납니다. 영의 눈이 열려서 볼 수 있도록 말입니다. 바울은 율법에서 은혜로, 의무에서 사명의 자리로 옮겨 간 사람입니다. 주님이 그의 눈을 열어 주셨기 때문입니다. 우리에게 세상은 얼마만큼 보입니까? 하나님이 부르시는 사명을 얼마만큼 듣고 보며 살고 있습니까?

---

🙏 우리는 24시간 세상에 노출되어 있습니다. 눈이 바라보는 것을 소유하고 싶은 욕망이 자연스레 가득합니다. "하나님, 우리 믿음의 눈을 열어 주십시오. 영적인 눈을 열어 주십시오. 저를 비추어 주십시오. 주님이 원하시는 소원을 가슴에 품고 살아가는 한 사람이 되게 하옵소서. 주님, 매일 이 기도를 가지고 살아가게 하옵소서" 라고 함께 기도하겠습니다.

3. 이 세상을 순례자(pilgrim)로 살아갈 때 영원한 하나님 나라를 위해서 무엇을 하고 싶나요? 가정과 일터에서 또는 내 삶의 자리에서, 하나님의 나라를 순비하는 전도와 선교적 삶 속에서 각자의 사명이 무엇인지 함께 나누어 보겠습니다.

🙏 우리를 구원하신 하나님은 우리에게 꿈과 기대를 품고 계십니다. 세상을 아름답게 일구고 하나님의 영광을 드러내도록 우리를 사명의 자리로 부르십니다. 그래서 부르심의 소망을 입은 자들은 아무리 작은 것이라도 자신의 삶을 주께 드리려고 합니다. 그것이 바로 은혜로 구원받은 자의 태도입니다. 하나님이 장차 우리에게 주실 영광을 소망하며 삶의 자리로 나아가야 합니다. 큰 일이 아닐지라도, 내 삶의 현장에서 작은 사명에 순종하는 것부터 시작하기 원합니다. 하나님이 그것을 보여 주시고 깨닫게 하셔서 우리의 삶이 하나님의 부르심에 응답하는 순례자의 삶이 되도록 구체적으로 기도하겠습니다.

## 결단의 기도

주님, 우리에게 구원을 베푸심에 감사합니다. 두렵고 떨림으로 그 구원을 이루어 가는 삶을 살아가게 하옵소서. 구원의 모든 여정이 주의 은혜 안에 있음을 감사합니다. 우리를 부르신 주님의 뜻에 합당한 삶을 살아가고 싶습니다. 보이는 것에만 사로잡히지 않도록 매일 기도가 살아 있게 하옵소서. 기도할 때 주님이 우리의 눈을 밝혀 주시는 역사가 일어날 줄 믿습니다. 보이는 것에 반응하는 것처럼, 보이지 않는 하나님의 말씀을 믿고 반응하는 사람, 그 부르심에 순종하는 삶의 길에 들어설 수 있도록 우리를 붙들어 주십시오.

보이는 것은 잠깐이지만, 보이지 않는 것은 영원합니다. 그 말씀이 실제가 되는 삶을 배우기 원합니다. 입으로만 고백하는 자가 아니라 삶으로 그 길을 선택하는 그리스도인이 되게 하옵소서. 세상 한가운데에서 사명의 광야를 뚜벅뚜벅 걸어갈 수 있는 용기를 주옵소서. 예수 그리스도의 이름으로 기도합니다. 아멘.

그러므로 너희가 그리스도와 함께
다시 살리심을 받았으면 위의 것을 찾으라
거기는 그리스도께서 하나님 우편에 앉아 계시느니라
위의 것을 생각하고 땅의 것을 생각하지 말라
이는 너희가 죽었고 너희 생명이 그리스도와 함께
하나님 안에 감추어졌음이라
우리 생명이신 그리스도께서 나타나실 그때에
너희도 그와 함께 영광 중에 나타나리라

골 3:1-4

## 제3과

## 느헤미야의 기도 I
### 사명을 깨닫게 하옵소서

---

"성경은 일차적으로 한 백성이 하나님과 함께하는 여행에 관한 이야기다."[13]

"성경 속에서 우리는 하나님께서 우리 삶의 조각난 부분들을 모으시고 그것들을 하나로 묶어서 무엇인가 의미를 지니는 일관된 이야기로 만드시는 것을 본다."[14]

어떤 사람이 하나님의 음성에 귀를 기울이고 순종의 걸음을 뗄 때, 그의 삶은 하나님이 펼쳐 가시는 이야기에 접속됩니다. 그러나 분명한 것은 그 길이 모험의 길이라는 사실입니다. 느헤미야는 그 모험을 선택합니다. 그리고 기도하며 그 걸음을 내딛습니다.

## 들어가기 Intro

최근 가장 많이 듣고 있는 소식(news)은 무엇인가요? 그 소식에 여러분은 어떻게 반응했나요? 그 소식이 여러분의 삶에 어떠한 영향을 끼치고 있는지도 나누어 보세요.

---

우리가 세상의 소식을 접하는 방식은 매우 다양합니다. 얼마 전까지만 해도 공영 방송의 뉴스를 통해서, 공신력 있는 신문과 잡지를 통해서 다양한 소식을 들었습니다. 하지만 인터넷 시대가 도래하면서 이제는 헤아릴 수 없을 만큼 수많은 정보를 다양한 방식으로 접하고 있습니다. 이전에는 정해진 시간에 소수의 매체가 송출하는 소식을 들었다면, 지금은 각자가 원하는 시간에, 원하는 방식으로, 원하는 정보를 마음껏 접할 수 있게 되었습니다. 정보의 홍수 시대에 우리는 살고 있습니다.

느헤미야는 B.C. 444년 또는 445년경에 활동을 시작했던 사람입니다. 이스라엘은 사울, 다윗 그리고 솔로몬이 왕으로 다스릴 때는 통일왕국을 유지하고 있었습니다. 그러나 이스라엘 백성은 타락하기 시작했고 결국 솔로몬 이후에 이스라엘 왕국은 남유다와 북

### 느헤미야서의 배경

| B.C. 586년 | 바벨론 포로 | B.C. 537년 | B.C. 458년 | B.C. 444년 |
|---|---|---|---|---|
| 바벨론 느부갓네살 | 다니엘서 | 페르시아 고레스 | 아닥사스다 | 아닥사스다 |
| 남유다의 멸망 | | 예루살렘 1차 귀환 | 2차 귀환 | 3차 귀환 |
| 신앙의 몰락 | 예루살렘을 그리워함 | 스룹바벨 성전 재건 | 에스라 신앙 개혁 | 느헤미야 성벽 재건 |

이스라엘로 나누어집니다. 북이스라엘은 여로보암의 반란을 통해서 세워졌습니다. 비록 당시 많은 선지자가 활동했지만, 북이스라엘은 하나님을 버렸고 결국 하나님은 북이스라엘을 멸망시키십니다. 역사적으로 북이스라엘은 앗시리아에게 B.C. 722년에 멸망하게 됩니다.

이스라엘의 정통성은 남유다를 통해서 이어졌습니다. 다윗의 가문이 남유다의 왕위를 이어 갔습니다. 하지만 남유다도 하나님을 떠나기 시작했고, 결국 바벨론 제국의 느부갓네살왕에 의해서 B.C. 586년 또는 587년경에 완전히 멸망하게 됩니다. 그런데 사실 느부갓네살은 B.C. 605년경에 이미 예루살렘에 대한 침공을 시작했고 그 당시 남유다는 바벨론의 식민지와 같은 상태로 전락해 있었습니다. 그때 바벨론 제국은 남유다 사람들을 사로잡아서 바벨론으로 데려왔는데 우리가 잘 아는 다니엘도 그때 잡혀 왔습니다.

남유다가 멸망당한 이유는 결국 신앙의 몰락 때문입니다. 하나님은 이스라엘 민족이 정치적으로 무너지기 전에 먼저 영적인 몰락을 보셨습니다. 그러한 영적인 몰락이 있을 때 하나님은 그 나라의 백성들을 흩어 버리셨습니다. 그 당시 가장 가슴 아팠던 일 중의 하나는 솔로몬이 지었던 화려한 성전이 다 무너져 버린 것입니다. 이스라엘 신앙의 자존심이 완전히 무너져 버린 것입니다. 이 무너진 성전을 다시 짓고 민족의 신앙을 회복하고 싶은 마음을 잉태했던 기간이 바로 바벨론 포로 기간입니다.

B.C. 539년에 바벨론 제국이 멸망하면서 페르시아 제국이 등장합니다. 성경에서 페르시아는 바사로 기록되어 있습니다. 538년경에 페르시아의 고레스왕은 포로로 끌려왔던 이스라엘 사람들이 예루살렘으로 돌아갈 수 있도록 1차 귀환 명령을 조서로 발표합니다. 그때 약 5만 명이 예루살렘으로 돌아갑니다. 그때 백성들을 이끌고 왔던 지도자가 스룹바벨입니다. 스룹바벨은 초토화된 솔로몬 성전을 재건하는데, 솔로몬 성전이 아니라 스룹바벨 성전(제2성전)을 짓게 됩니다.

이렇듯 성전을 재건하는 일이 일어났지만, 성전을 재건하고 나서도 민족이 신앙적으로 주님을 온전히 붙들지 못하고 넘어지고 방황하며 다른 민족이 계속해서 공격하자, 신앙 회복의 필요성이 강하게 대두되었습니다. 아닥사스다왕 때 2차 귀환 조서가 내려지는데, 2차 귀환 조서에 따라서 에스라가 수천 명을 데리고 귀환하여 민족의 신앙을 깨우치는 일을 하게 됩니다. 스룹바벨과 에스라의 이야기는 에스라서에 나옵니다.

그리고 B.C. 444년에 동일 인물인 아닥사스다왕을 통해서 3차 귀환이 이루어지는데, 이는 느헤미야의 부탁을 왕이 허락하면서 이루어졌습니다. 당시 예루살렘에 스룹바벨 성전은 지어졌는데 예루살렘 성벽이 다 무너져서 다른 민족의 침공을 방어할 수가 없었습니다. 이런 슬픈 소식을 들은 느헤미야는 예루살렘 성벽을 재건하는 일을 하게 됩니다. 이스라엘 사람들은 에스라서와 느헤미야서, 두 책을 한 권으로 여겼습니다. 유사성이 많기 때문입니다.

느헤미야는 이스라엘 민족이 역사적으로 매우 어려운 시기를 경험할 때 살았던 인물입니다. 이러한 시대적, 역사적 배경 가운데서 느헤미야는 누구도 선뜻 하기 어려운 성벽 재건을 시작하려 합니다. 그의 이런 결정은 그로 하여금 역경과 고난을 통과해야 하는 길로 들어서게 합니다.

느헤미야서의 주제를 말할 때, 많은 경우 "지도자"(리더십)를 이야기합니다. 사실 지도자는 특별한 사람만을 지칭하는 것은 아닙니다. 우리 모두가 지도자의 자리에 서야 할 때가 있습니다. 특별히 느헤미야를 보면서 지도자의 특징을 한 문장으로 정리한다면 이렇게 이야기할 수 있습니다. 지도자는 무너뜨리는 사람이 아니라 세우는 사람입니다.

▬▬ 인생의 사명은 '무엇을 듣느냐'에 따라서 결정됩니다

1. 느헤미야 1장 1-4절을 읽어 봅시다. 느헤미야는 누구에게 무슨 이야기를 듣고 있나요? 그리고 그 이야기를 들은 느헤미야의 반응은 어떠했나요?

---

페르시아의 아닥사스다왕 제20년 기슬르월은 오늘날 우리가 사용하는 태양력에 의하면 11월 중순, 곧 연말입니다. 이때 느헤미야는 예루살렘을 다녀온 하나니에게서 유다 땅과 예루살렘에 남아 있는 사람들의 형편에 관한 이야기를 듣습니다. 느헤미야는 자신의 동족들이 그곳에서 큰 환난을 당하고, 능욕을 받고 있으며, 예루살렘성은 허물어졌고, 성문은 불탔다는 이야기를 전해 듣습니다. 지금으로 이야기하면 자신의 조국에서 자기 민족이 계속해서 다른 민족의 침략을 받고 괴롭힘과 능욕과 수치를 당하고 있다는 이야기를 들은 것입니다. 특별히 성벽이 없으니까, 누구나 와서 공격할 수 있는 무방비 상태였습니다. 만약 우리 조국에 이런 일이 일어난다면 너무 가슴 아플 것입니다.

2. 느헤미야 1장 4절을 다시 읽어 봅시다. 느헤미야가 하나니에게서 소식을 듣고 나서 한 행동을 열거해 보세요.

---

느헤미야 1장 4절은 느헤미야서에서 매우 중요한 구절 중의 하나입니다. 느헤미야는 하나니의 말을 들었습니다. 그러고는 털퍼덕 앉아서 울기 시작합니다. 수일 동안 슬퍼합니다. 그리고 하늘의 하나님 앞에 금식하며 기도합니다. 소식을 들은 다음에 반응하는 내용의 동사에 주목하기를 바랍니다. 듣고 앉습니다. 슬퍼합니다. 그리고 금식하고, 그다음에 기도합니다. 느헤미야는 이 소식을 들었을 때 화를 낸 것이 아니라 울었습니다. 느헤미야는 앉아서 울고 슬퍼하며 기도하기 시작했습니다. 비극적 상황을 보고 우는 사람이 무너진 성벽을 세울 것임을 암시하는 듯합니다.

3. 느헤미야 1장 1-4절을 다시 읽어 봅시다. 느헤미야의 행동(동사) 가운데 가장 중요한 동사는 무엇이라고 생각합니까?

---

'이 말을 들었다'라고 하는 것은 매우 중요합니다. 우리는 매일 수많은 소리를 듣고 살아갑니다. 그런데 느헤미야서를 볼 때 한 가지 꼭 기억해야 할 것이 있습니다. 우리의 삶 속에서 듣는 수많은 말들 가운데 하나님이 우리(나)에게 하시는 말씀이 있다는 것을 알아야 합니다. 하나님은 말씀하시는 하나님입니다. 우리 가정에도, 나에게도 하나님이 부탁하시는 말씀이 있습니다.

느헤미야는 성문이 다 훼파되고 이스라엘 민족이 능욕당하고 있다는 말을 들을 때 이 말을 하나님이 자신에게 부탁하시는 말씀으로 들은 것입니다. "네가 이 무너진 성벽을 재건하는 일에 한번 쓰임 받아 보지 않겠니?" 마치 이렇게 하나님이 자신에게 하신 말씀으로 들었습니다. 느헤미야 1장 4절은 사실 하나님이 느헤미야에게 사명을 주시는 말씀입니다.

우리가 살아가면서 듣는 말 가운데 하나님이 우리에게 주시는 특별한 사명이 있다는 것을 잊지 말아야 합니다. 내가 듣고 있는 모든 말이 사명은 아닙니다. 그런데 내가 듣는 말 중에 하나님이 나에게 특별히 부탁하시는 메시지가 있습니다. 그 메시지에 순종하면 하나님이 펼쳐 가시는 역사를 보게 됩니다. 하지만 많은 사람이 잘 듣지 못합니다. 주님이 말씀하시는데 못 듣고 지나갑니다. 대신 그저 무언가 안 좋은 소식을 들을 때면 다른 사람과 함께 원망하고 불평하며 탄식하고 화만 냅니다. 그러나 하나님의 음성을 들으려고 하는 사람은 계속 듣습니다.

내가 오늘을 살아가는 동안 하나님이 나에게 하시는 말씀이 있습니다. 왜냐하면 오늘 하루도 사명이 있는 날이기 때문입니다. 우리에게 사명이 없는 날은 없습니다. 느헤미야서가 보여 주는 중요한 단어는 느헤미야가 '들었다'라는 것입니다. 여러 사람이 느헤미야가 들었던 소식을 들었을 것입니다. 그런데 느헤미야만 울었습니다. 왜 그럴까요? 여러 가지 이유가 있겠지만, 그중 하나는 하나님이 느헤미야에게 무언가를 부탁하시는 것 같아서일 것입니다. 하나님이 우리에게 무언가를 말씀하시며 부탁하실 때 우리는 반응합니다. 느헤미야에게 그것은 울음이었습니다. 그리고 그때 기도가 시작됩니다.

4. 로마서 10장 17절을 읽어 봅시다. 믿음은 어떻게 생기나요? 그렇다면 사명은 어디에서 오는 것입니까?

---

로마서 10장 17절은 "그러므로 믿음은 들음에서 나며 들음은 그리스도의 말씀으로 말미암았느니라"라고 말합니다. 믿음은 들음에서 납니다. 그러면 사명도 들음에서 나는 것입니다. 모세가 하나님의 음성을 듣지 못했다면 사명을 알 수가 없었습니다. 바울이 하나

님의 부르심을 듣지 못했다면 그도 사명을 알 수 없었을 것입니다. 하나님의 백성은 들을 줄 알아야 합니다.

한번은 원주민 사역을 하시는 선교사님을 만나 어떻게 해서 사역을 시작하게 되었는지 물어보았습니다. 그분이 하시는 말씀이, TV를 보는데 원주민만 나오면 눈물이 났다고 합니다. 이 마음을 도대체 누가 주셨을까요? 어떤 사람은 뉴스에서 아프리카 사람만 보면 울게 되어서 아프리카로 갑니다. 물론, 단순히 운다고 해서 그것이 하나님이 주시는 사명은 아닐 것입니다. 하지만 우리의 일상에서 하나님이 우리에게 주시는 마음을 잘 분별하는 연습은 매우 중요합니다.

반면, 주님이 열 번을 말씀하셔도 못 듣는 사람이 있습니다. 사무엘상에 나오는 엘리 제사장의 아들들은 아버지의 뒤를 이어서 제사장이 될 사람들이었습니다. 하지만 그들의 관심은 고기를 먹는 것에만 있었습니다. 그러한 때에, 제사장 위치에 있지 않았던 사무엘이 주님의 음성을 듣게 됩니다. 결국 하나님은 엘리의 아들들을 죽게 하십니다. 성경은 굉장히 중요한 교훈을 우리에게 이야기합니다. 거룩은 직분이 아닙니다. 제사장의 위치에 있다고 해서 거룩한 것이 아닙니다. 거룩함은 삶이 결정합니다. 우리를 향하신, 우리 가정을 향하신 하나님의 마음을 잘 분별할 줄 아는 축복이 있길 바랍니다. 그리고 그러한 부르심에 자신의 인생을 투자하기 바랍니다.

── 사명의 완성은 '무엇을 기도하느냐'에 달려 있습니다

5. 느헤미야 1장 5-7절을 읽어 봅시다. 느헤미야는 무엇을 기도하고 있나요?

---

느헤미야는 기도하기 시작합니다. 먼저는 언약을 지키시며 긍휼을 베푸시는 하나님을 부릅니다(5절). 그리고 그는 죄를 회개하는 기도를 드립니다. 특별히 우리 민족이 죄를 범했다고 기도합니다(6절). 느헤미야는 자신과 자기 아버지의 집이 죄를 범했다고 기도합니다. 다른 말로 하면, 민족이 지은 죄를 자신의 죄로 고백하며 회개 기도를 하고 있습니다.

6. 느헤미야 1장 7-9절을 읽어 봅시다. 느헤미야는 계속해서 어떤 기도를 하고 있나요?

---

느헤미야는 자신들이 하나님의 명령을 지키지 않았기에 고난이

왔다고 이야기합니다(7-8절). 곧 지금 이스라엘 민족이 고통을 받는 것은 하나님 앞에 죄를 범했기 때문이라고 고난을 해석합니다. 그리고 너무나도 중요한 기도를 합니다.

> 옛적에 주께서 주의 종 모세에게 명령하여 이르시되 만일 너희가 범죄하면 내가 너희를 여러 나라 가운데에 흩을 것이요 만일 내게로 돌아와 내 계명을 지켜 행하면 너희 쫓긴 자가 하늘 끝에 있을지라도 내가 거기서부터 그들을 모아 내 이름을 두려고 택한 곳에 돌아오게 하리라 하신 말씀을 이제 청하건대 기억하옵소서 느 1:8-9

때로는 흩어 보내는 것도 하나님의 사랑입니다. 흩어져야만 깨달을 때가 있기 때문입니다. 데이빗 프라이어는 이렇게 말합니다.

> 그리스도인들에게 '진정한 믿음'의 정상적인 결과로서 낙천적인 기질과 승리의 삶을 살도록 가르치는 가운데 깨닫게 된 치명적인 사실 하나는 그들이 현재의 불행과 약점이나 실패의 경험을 직면하지 않으려는 것입니다.[15]

느헤미야의 기도에는 현실을 직면하는 아픈 기도가 있습니다. 느헤미야는 우리가 다시 하나님을 부르고 의지하면 아무리 멀리 있어도 되찾으시는 분이 하나님이시라고 기도합니다. 하나님이 우리를 사랑하시기 때문입니다. 우리가 주님으로부터 아무리 멀리 있어도, 아무리 하나님의 음성을 못 듣고 살아도 다시 주님 앞에 돌아오기로 작정하면 들리게 해 주시고 하나님이 원하시는 자리에 앉혀 주실 만큼 하나님은 우리를 사랑하십니다. 느헤미야는 이러한 말씀을 가지고 기도하고 있는 것입니다.

7. 느헤미야 1장 10절을 읽어 봅시다. 이제 느헤미야는 어떤 기도를 하고 있나요?

---

하나님의 부르심을 깨달은 느헤미야는 기도합니다. 그는 기도의 사람이었습니다. 느헤미야는 이스라엘 백성이 누구의 것인지를 하나님께 상기시킵니다. 바로 하나님의 종들이며 주님의 백성이라는 것입니다. 그래서 비록 이스라엘 백성이 넘어졌지만, 무너졌지만, 그런데도 이 백성을 찾아 달라고 기도하는 것입니다.

> 무력감, 이것이 기도하는 심령의 가장 확실한 첫 번째 표지라는 것은 의심의 여지가 없습니다. … 기도는 오직 자기가 무력하다고 느끼는 사람들을 위해 하나님이 마련해 놓으신 것입니다.[16]

《할레스비의 기도》에 나오는 이 고백처럼, 느헤미야는 기도와 자신의 무력함을 뗄 수가 없었습니다. "오직 자신의 무력함을 느끼는 사람만이 진정으로 기도할 수 있습니다."[17] 느헤미야는 아무것도 할 수 없는 시간이었기에 기도를 시작한 것입니다. 무력함을 느끼고 기도하는 자의 간구를 하나님은 들어주실까요?

8. 우리는 성경을 통해서 하나님이 우리의 삶에 원하시는 것을 깨달아 갑니다. 그런데 성경에서 배운 대로 살지 못할 때가 많이 있습니다. 그 이유를 한 가지씩 나누어 주세요.

---

교회를 10년 이상 다니신 분들이나, 비록 1년만 다녔어도 말씀 공부를 하신 분들은 적어도 하나님이 말씀하시는 내 인생의 일반적인 사명이 무엇인지, 내가 어떻게 살아야 하는지 알고 있습니다. 예를 들면, 우리는 말씀을 듣고 남편과 아내의 관계가 어떠해야 하는지, 부모가 자녀를 어떻게 대해야 하는지 잘 알고 있습니다. 남편들은 아내 사랑하기를 주님이 교회를 사랑하신 것같이 사랑하라는 사명을 다 알고 있습니다. 그런데 문제는 우리가 그 사명을 완수하지 않는다는 것입니다. 알아도 완수하지 못합니다. 왜 그럴까요? 느헤미야의 기도 속에 답이 있습니다.

느헤미야는 하나님이 자신에게 무언가 부탁하시는 것을 깨달았을 때 자기 열심으로 달려가지 않습니다. 왜냐하면 사명은 기도로 시작하기 때문입니다. 그럼 사명의 끝은 어떻게 마칠까요? 마찬가지로 기도로 마치는 것입니다. 사명을 받았는데 내 열심으로 달려간다면, 그것은 영으로 시작해서 육으로 마치는 것과 마찬가지입니다.

하나님은 기도하는 사람의 마음을 침착하게 하십니다. 두려워하지 않게 하십니다. 많은 사람이 사명은 아는데, 사명에 자기 몸을 던지지 못하는 이유 중의 하나는 기도하지 않기 때문입니다. 기도하지 않고 어떤 일을 추진하다가 어려운 상황이 닥치거나 반대를 접하게 되면 그만 포기해 버립니다. 사명의 완성은 무엇을 기도하느냐에 달려 있습니다.

예수님이 이 땅에 오셨을 때 가장 중요한 사명은 십자가를 지는 것이었습니다. 그런데 예수님이 십자가를 지시기 전에 무엇을 하셨나요? 예수님은 겟세마네에 가서 기도하셨습니다. 사명은 반드시 기도하는 자를 통해 완성됩니다. 기도하지 않으면 그 사명을 이룰 수가 없습니다. 기도하지 않는 사람은 사명을 완수하는 것이 아니라 불평하는 삶을 살아갑니다. 사명은 기도로 완성하는 것입니다. 그리고 기도하는 사람을 통해 하나님은 당신의 계획을 이루십니다.

▬▬ '내가 왜 여기 있는가'를 알 때 사명을 감당하게 됩니다

9. 느헤미야 1장 11절을 읽어 봅시다. 느헤미야의 직책은 무엇이었나요? 이 직책과 느헤미야의 사명은 어떤 관련이 있다고 생각하나요?

---

느헤미야는 "왕의 술 관원"이었습니다. 왕의 술 관원이란 말은 왕과 가까운 자리에 있었다는 뜻입니다. 여기에 굉장히 중요한 메시지가 있습니다. 왕의 술 관원은 왕과 자주 만날 수 있는 기회를 가진 사람입니다. 민족이 망해서 어려움을 겪고 있을 때, 느헤미야는 왕과 가까운 자리에 있었습니다. 또한 프랑스의 고고학자들이 당시 수산궁 자리를 발굴했는데 놀랍게도 그곳은 너무나도 화려하고 아름다운 장소였다고 합니다. 그렇게 화려한 장소에서 왕과 가까운 자리에 있었던 것이 느헤미야 혼자 누리라고 주어진 것이었을까요? 느헤미야는 그렇게 여기지 않았습니다. 오히려 느헤미야는 한 가지 중요한 질문을 자신에게 하지 않았을까요? '내가 오늘 이 민족이 어려운 때 왜 이 자리에 서 있는 것일까?'

10. 지금 직장에서, 가정에서, 학교에서 어떤 책임을 맡고 있나요? 그리고 그 책임에 대해서 어떤 마음을 가지고 있나요?

---

느헤미야의 사례를 우리에게 적용해 보면, 마치 이런 것입니다. '왜 이 어려운 가정에 내가 엄마로, 아내로 이곳에 서 있나?' 지금 나의 자리는 불평의 자리가 될 수도 있고 사명의 자리가 될 수도 있습니다. 저는 여러 이민 교회를 방문하면서 성도님들께 이렇게 물어봅니다. "여러분이 사시는 곳이 좋나요?" 어떤 분들은 좋다고 하고 어떤 분들은 별로라고 답을 합니다. 그럼 저는 이렇게 다시 물어봅니다. "여러분이 만약 오늘 죽는다면, 여기서 돌아가셔도 괜찮습니까?"

사명이 있는 사람은 죽어도 좋은 자리에 늘 서 있습니다. 하지만 사명이 없는 사람은 늘 다른 곳을 찾습니다. '이탈리아로 가야 할 것 같은데….' 이탈리아의 경제 사정이 안 좋아지면 '이번에는 프랑스로 가야 할 것 같은데….' 요즘은 대한민국이 좋다고 하니까, '이번에는 대한민국으로 돌아가야 할 것 같은데…' 합니다. 사명이 없는 사람에게 만족이란 없습니다. 꿈꾸는 곳은 늘 다른 곳에 있습니다. 하지만 사명이 있는 사람은 늘 현재 있는 곳에 꿈이 있습니다.

여러분의 가정은 행복한가요? 행복하지 않다면 여러분이 가정을 행복하게 만드는 사명자가 돼야 할 수도 있습니다. 하나님이 여러분을 그 과정에 두신 것일지도 모릅니다. 느헤미야는 자신이 왜 페르시아 왕의 술 관원으로 있는지를 깨달았을 때, 사명을 감당하게 되었습니다. 하나님이 주시는 사명, 즉 내가 왜 여기 있는지를 발견하고 깨달을 때, 그 사명을 책임지는 자리로 나아가는 것입니다.

구약 성경을 보면 아합왕과 이세벨이 하나님을 믿는 사람들을 핍박했습니다. 성경은 그 당시의 상황에 대해서 이렇게 기록하고 있습니다.

> 아합이 왕궁 맡은 자 오바댜를 불렀으니 이 오바댜는 여호와를 지극히 경외하는 자라 이세벨이 여호와의 선지자들을 멸할 때에 오바댜가 선지자 백 명을 가지고 오십 명씩 굴에 숨기고 떡과 물을 먹였더라 왕상 18:3-4

이 말씀을 볼 때, 오바댜는 상당한 지위가 있었고 재력도 있었던 자로 여겨집니다. 하나님의 선지자들이 죽임을 당하고 있을 때, 하나님을 경외하는 자가 하나님을 경외하지 않는 아합왕 옆에 있었던 것입니다. 이때 오바댜는 왕과 그의 아내가 이런 악을 행하는 것을 알면서도 목숨을 걸고 자신의 재정을 사용하여 선지자들을 숨겨 두고 먹을 것을 제공했습니다. 오바댜는 그 당시 자신이 왜 그 자리에 있었는지를 깨달은 사람이었습니다. 그래서 그는 자신의 사명을 깨닫고 실행에 옮긴 것입니다.

우리는 어떤 상황에서도 불평할 수 있는 존재입니다. 하지만 불평할 것이 수백 가지일지라도 오늘 하루는 잠잠해 보시기 바랍니다. 그리고 이 찬송을 불러 보세요.

> 만 입이 내게 있으면 그 입 다 가지고
> 내 구주 주신 은총을 늘 찬송하겠네
> (새찬송가 23장, "만 입이 내게 있으면")

그리고 하나님이 왜 나를 지금의 자리에 두셨는지 곰곰이 생각해 보시기 바랍니다. 그때 우리에게 사명을 주시는 하나님의 마음을 깨닫는 축복이 있기를 바랍니다. 물론, 하나님이 주시는 사명을 안다고 해서 다 순종할 수 있는 것은 아닙니다. 하지만 느헤미야처럼 기도하기 시작할 때, 하나님의 사명은 완성을 향해서 나아갈 수 있게 될 것입니다. 비록 내가 생각하는 완성은 아닐지라도 사명의 완성을 향해 걸어가는 그 길 자체가 우리의 사명이 될 것입니다. 기도하면 우리는 반드시 그 길을 걸어갈 것입니다. 그것이 복된 길입니다.

## 나눔과 기도

인생의 사명은 무엇을 듣느냐에 따라 결정됩니다. 우리는 일상에서 수많은 소식을 듣습니다. 기쁜 소식도 있지만, 원망과 탄식이 나오는 소식도 있습니다. 하지만 그러한 소식들 가운데 하나님이 나에게 하시는 말씀이 있다는 것을 아는 것은 매우 중요합니다. 우리가 그 말씀에 순종할 때 하나님의 영광이 드러나게 됩니다.

예수님은 우리와 예수님의 관계를 양과 목자로 말씀하셨습니다. 그러면서 이렇게 말씀하십니다.

> 내 양은 내 음성을 들으며 나는 그들을 알며 그들은 나를 따르느니라
> 요 10:27

그리스도인은 일상생활 속에서 하나님이 말씀하시는 것을 들을 줄 아는 자입니다. 오늘을 살아가는 동안 하나님이 나에게 하시는 말씀을 잘 들을 수 있도록, 그래서 오늘도 사명의 날로 살 수 있도록 기도합시다.

1. 최근 여러분의 마음에 가장 감동을 준 소식은 무엇이었나요? 여러분의 마음을 불편하게 한 소식이 있었나요? 혹시 하나님이 마치 여러분에게 부탁하시는 것 같은 말씀이 있었나요? 서로 나누어 주세요.

🙏 사실 저는 이민 교회를 꿈꿔 본 적이 없습니다. 캐나다 밴쿠버에 와서 공부를 하다가 한 이민 교회에서 설교를 도와주게 되었고, 그러다 결국 이민 교회에 부임해서 약 3년 정도 사역을 했습니다. 그때 미국 LA에서 개최된 한 이민 목회자 모임에 참석하게 되었는데, 약 150명 정도가 모인 세미나 자리에서 다른 목회자들을 만나면서 충격을 받았습니다. 왜냐하면 저를 포함한 적지 않은 목회자가 다시 한국으로 돌아가려는 마음을 가지고 있었기 때문입니다.

그런데 신기하게도 그때 저는 이렇게 떠날 준비를 하면서 이민 목회를 해서는 안 된다는 생각을 하게 되었습니다. 그리고 이민 목회를 하려면 이민자가 되든지, 부르심이 아니라면 이 자리를 빨리 떠나야 한다는 생각이 들었습니다. 목사가 이민자가 안 되면 이민 목회는 어렵습니다. 만약 이민 교회 목회자가 떠날 준비를 하고 교인들을 만난다면 교인들이 과연 마음을 줄까요? 절대 아닙니다. 제가 그때 그런 고민을 하며 교인들을 만나 보니까 그분들도 똑같은 생각을 하고 있다는 것을 발견했습니다.

이민 생활을 10년 이상 한 분들은 평균적으로 교회를 세 번 이상 옮긴다고 합니다. 아름답게 교회를 옮긴 것이 아니라,

마음이 다 찢어지고 상처 때문에 교회를 옮기는 것입니다. 이런 상황에는 목사도 울고 교인도 다 웁니다. 그때 하나님이 저에게 주신 마음입니다. '느헤미야가 왜 성벽 재건을 했는지 아니? 우는 사람이 다시 짓는 거야.' 저는 주님이 주신 마음으로 울면서 교회를 개척하게 되었습니다. 교회를 개척할 때 이민자가 되기로 결심했습니다. 그래서 교회를 개척한 다음에 바로 캐나다 시민권을 신청했습니다. 이런 이유로 느헤미야서는 저에게 개인적으로 굉장히 중요한 책입니다.

저는 개척 교회를 시작하면서 불평하면 안 된다고 다짐했습니다. 왜냐하면 이민 교회를 세우는 것을 하나님이 저에게 꿈으로 주셨기 때문입니다. 저는 만 입이 있어도 감사하고 싶습니다. 물론 가끔 불평이 나올 때가 있습니다. 하지만 불평을 입술에 담으려고 하지 않습니다. 왜냐하면 불평할 수 있는 곳에 사명이 있다는 것을 깨달았기 때문입니다. 불평하고 싶은 어떤 순간이 올 때, 바로 그때가 사명의 때라는 것을 잊지 말아야 합니다. 불평은 절대 사명이 아닙니다. 오히려 불평을 치료하는 사명이 우리에게 있습니다.

최근에 하나님이 개인적으로 부탁하시는 말씀이 있었나요? 사명은 큰 것도 있지만 작은 것도 많습니다. '제발 아침에 좀 일찍 일어나라.' 이것이 사명일 수도 있습니다. 하나님이 나에게 말씀하시는 것이라면 작은 것부터 충실하게 감당하는 삶이 아름답습니다. 하나님의 말씀을 들을 줄 아는 사람이 자신에게 주어진 사명도 알게 됩니다.

2. 하나님이 주신 마음으로 간절히 기도했지만, 결국은 불평하면서 또는 낙심하면서 기도를 멈춘 적이 혹시 있나요? 만약 있다면 왜 그렇게 했는지 나누어 주세요.

🙏 사명을 알아도 완수하지 못하는 이유는 기도하지 않기 때문입니다. 기도하다가 불평하거나 낙심하는 이유 중의 하나는 우리의 열심으로 그 사명을 이루려 하기 때문입니다. 느헤미야는 하나님이 부탁하신 말씀을 깨닫고 자기 열심으로 달려가지 않았습니다. 대신에 기도하기 시작했습니다. 그리고 기도로 자신에게 주어진 사명을 마쳤습니다. 하나님은 기도하는 사람의 마음에 평강을 주시고 두려움을 가져가십니다. 주님이 주신 사명을 잘 감당하면서도 "모든 지각에 뛰어난 하나님의 평강이" 우리의 마음과 생각을 지켜 주시도록 함께 기도합시다 (빌 4:7).

3. 여러분은 오늘 어떤 자리에 서 있나요? (가정, 교회, 직장, 학교, 공동체, 사회 등) 혹시 하나님이 내가 선 자리에서 주시는 사명이 있나요? 어떤 사명이 있다고 생각하는지 나누어 주세요.

---

🙏 우리는 왜 현재의 장소에서 살고 있나요? 오늘 우리는 왜 한 가정의 아버지, 남편, 어머니, 아내, 딸, 아들의 자리에 서 있을까요? 우리는 왜 현재의 직장을 가지고 있을까요? 성경을 읽어 보면 인생의 계절마다 사명이 있다는 것을 알게 됩니다. 내 인생을 바쳐서 투자해야 하는 큰 사명도 있고 매일매일 순종해야 하는 작은 사명도 있습니다.

느헤미야는 하나니의 말을 듣다가 털퍼덕 주저앉아 울기 시작했습니다. 중요한 것은 이렇게 우는 사람이 인생의 집을, 민족의 집을 짓는다는 것입니다. 이스라엘 민족은 역사적으로 암울한 시기를 통과하고 있었습니다. 그런데 중요한 것은 아픔과 실패가 있고 어려움과 고난이 찾아올 때 하나님이 꼭 하려고 하시는 일이 있다는 것입니다. 이스라엘 백성이 '하나님이 우리 민족을 버리셨나!', '우리를 잊으셨나!'라고 생각할 때도 하나님은 당신의 백성을 잊으신 적이 없습니다.

하나님은 우리를 잊으신 적이 없습니다.

우리 인생이 바닥을 칠 때도, 나의 인생은 완전히 잊혔다고 느껴질 때도 주님은 우리를 잊지 않으십니다. 그래서 바로 '오늘' 우리에게는 소망이 있고, '오늘' 우리가 서 있는 곳에 사명이 있습니다. 우리 각자가 서 있는 곳에서 주님의 사명을 잘 발견하고 '사명자'로 살아갈 수 있도록 중보기도하겠습니다.

## 결단의 기도

하나님 아버지, 매일매일 나에게 말씀하시는 것, 나에게 부탁하시는 말씀을 알아차리는 주님의 자녀가 되게 하여 주옵소서. 힘든 일을 대면할 때 원망이 먼저 터지지 않게 하시고 저에게 주시는 사명을 듣게 하옵소서. 그리고 무력하기에 기도를 시작하는 한 사람의 성도가 되게 하옵소서. 무력함이 클수록 기도가 커지게 하옵소서. 무너뜨리는 사람이 아니라 무너진 것을 일으키는 사람으로 사용하여 주옵소서.

오늘 나의 가정을 향한, 나의 직장과 내가 서 있는 곳을 향한 주님의 마음을 주옵소서. 나에게 부탁하시는 하나님 아버지, 그 부탁이 들릴 때 느헤미야가 땅바닥에 앉아 울면서 기도했던 것처럼 저도 울며 기도하고 주님이 주시는 사명을 감당하는 자가 되게 하여 주옵소서. 주님이 주신 사명을 알지만 불평하면서 수행하지 못하는 것이 있다면, 이제 내 열심이 아니라 기도로 주 앞에 부르짖고 나아가는 자가 되게 하여 주옵소서. 다른 곳에서 내가 무언가를 이루어야 할 것 같은 환상에 빠지지 않게 해 주시고, 오늘 내가 서 있는 곳에 하나님의 사명이 있음을 알게 하여 주옵소서. 예수 그리스도의 이름으로 기도합니다. 아멘.

네게서 날 자들이 오래 황폐된 곳들을 다시 세울 것이며
너는 역대의 파괴된 기초를 쌓으리니
너를 일컬어 무너진 데를 보수하는 자라 할 것이며
길을 수축하여 거할 곳이 되게 하는 자라 하리라

사 58:12

## 제4과

# 느헤미야의 기도 II
### 주님의 뜻을 행하게 하옵소서

---

"당신이 무력하다는 것, 바로 그것이 기도의 본질입니다."[18]

기도는 어려운 상황을 부정하는 시간이 아닙니다. 오히려 우리가 처한 아픔의 실체를 있는 그대로 대면하는 시간입니다. 그 절망과 좌절의 시간 속에서 기도의 축복이 태어납니다. 그것은 우리의 무력함을 깨닫고 엎드리는 그때, 하나님의 위대하심을 고백하는 믿음이 터져 나오기 때문입니다.

자신의 현실 가운데 불가능한 일을 만나거나 통과하기 어려울 만큼 힘든 일 앞에 설 때마다 기도할 시간이 왔다는 사실을 기억하십시오. 우리는 그 기도를 통해 모든 것을 다스리시는 하나님과 대면하는 은혜를 누릴 것입니다.

## 들어가기 Intro

최근 근심거리는 무엇인가요? 그러한 근심은 여러분의 일상생활에 어떤 영향을 주고 있나요?

---

느헤미야는 하나님이 자신에게 사명을 주셨다는 것을 깨달았습니다. 그리고 사명을 위해서 자신이 현재 페르시아 제국에서 왕의 술 관원으로 있다는 것도 깨달았습니다. 그런데 동시에 느헤미야는 자기 자신에게 그 사명을 감당할 능력이 없다는 것도 깨달았습니다. 그래서 느헤미야의 마음은 근심으로 가득 찼습니다. 왕은 이러한 느헤미야의 얼굴을 보고 병이 없는데 왜 이렇게 얼굴에 근심이 가득한지를 묻습니다. 근심이 생기면 겉으로 드러나 옆에 있는 사람이 알게 되어 있습니다.

## 하나님 뜻대로 하는 근심이 있습니다

1. 고린도후서 7장 10절을 읽어 봅시다. 어떤 종류의 근심이 있나요? 그리고 그러한 근심의 결말은 무엇인가요?

---

사도 바울은 두 종류의 근심이 있다고 했는데, 첫째는 하나님의 뜻대로 하는 근심입니다. 이 근심은 후회할 것이 없는 구원에 이르게 하는 회개를 이루는 것이라고 합니다. 영어 성경을 보면 이것을 'godly sorrow', 곧 "거룩한 근심"이라고 번역합니다.

두 번째 근심은 세상 근심인데 이 근심은 사망을 이루는 것이라고 합니다. "세상 근심"이란 다소 점잖은 표현이지만 이 근심은 세상의 탐욕, 곧 내 욕심을 이루지 못해서 생기는 근심을 의미합니다. 예를 들면 구약 성경에는 아합왕이 자신의 왕궁 옆에 있는 나봇의 포도원을 갖고 싶었는데, 나봇이 그 땅을 팔지 않으니까 밥도 안 먹고 근심에 빠진 장면이 나옵니다. 그러한 모습을 보고 아내 이세벨은 거짓 증인을 내세워서 나봇을 돌로 쳐 죽이고 그 땅을 빼앗아 버립니다. 하나님은 결국 아합과 이세벨을 심판하십니다.

욕망이 주도하면 세상 근심이 증가합니다. 반면 하나님의 꿈에 이끌리면 거룩한 근심을 잉태합니다. 만일 우리의 삶 속에 세상의 근심이 너무 많다면 하나님께 돌아가야 할 때임을 알아차려야 합니다. 계속 그 자리에 머물러 있는 것은 그리스도인에게 비극입니다. 거룩한 근심을 가진 자에게 거룩한 기쁨이 깃들 것입니다.

   2. 느헤미야 2장 1-3절을 읽어 봅시다. 느헤미야의 근심은 어떤 종류의 근심이었을까요?

---

느헤미야는 1장에서 예루살렘성이 허물어지고 성문들이 불탔다는 소식을 듣고 그 자리에 앉아서 수일 동안 슬퍼하며 기도했습니다. 그 성벽을 다시 세우는 일을 위해 자신이 왕의 술 관원의 자리에 있는 것이 아닐지 고민했습니다. 하지만 하나님이 자신에게 이 소원을 주시고 사명을 맡기셨다 해도 그것을 감당할 능력이 없어서 얼굴에 수심이 가득했습니다. 아닥사스다왕도 그의 고민을 알아차릴 정도였습니다.

느헤미야의 근심은 자신의 욕심을 채우지 못해서 오는 세상 근심이 아닙니다. 그 사명을 감당할 수 있는 능력이 없어서 근심하는 것입니다. 이를 '거룩한 근심'(godly sorrow)이라고 합니다. 우리가 주목할 점은 이러한 현실 속에서 느헤미야가 한 행동입니다. 과연 느

느헤미야는 하나님이 주신 마음, 그 사명을 이루기 위해서 어떤 행동을 했을까요?

―― 말하기 전에 기도하십시오

3. 느헤미야 2장 4절을 읽어 봅시다. 느헤미야는 어떻게 자신의 마음을 왕에게 털어놓고 있나요? 그리고 느헤미야의 이야기를 들은 왕의 반응은 어떠했나요?

---

근심의 이유가 무엇인지 왕이 물었을 때, 느헤미야는 예루살렘에서 벌어진 고국의 처참한 상황을 설명합니다. 왕은 느헤미야의 말을 듣자마자 놀랍게도 "네가 무엇을 원하느냐?"라고 묻습니다. 이것은 전혀 예기치 못한 질문이었습니다. 당시 페르시아 제국의 최고 권력자인 왕이 느헤미야를 도와주겠다고 한 것입니다. 무엇이 필요한지 말해 보라는 것입니다. 느헤미야가 한 일은 울며 기도한 것밖에 없습니다. 그런데 이런 기회의 문이 열리는 것을 보게 되었습니다.

4. 여러분이 만약 느헤미야라면 페르시아 왕에게 무엇을 요청하고 싶나요? 만약 투자의 귀재요 세계 갑부 중의 한 사람인 워런 버핏(Warren Buffett)이 여러분에게 지금 당장 "무엇을 원하느냐?"라고 묻는다면 무엇을 요청하고 싶나요? 많은 생각이 머릿속에 지나가지 않겠습니까? 느헤미야는 왕의 질문에 어떻게 반응했는지 주의 깊게 보십시오.

---

우리가 거룩한 소원, 거룩한 근심을 가지고 살아갈 때 하나님이 굉장히 좋은 기회의 문을 열어 주실 때가 있습니다. 이때 중요한 것은 자신의 생각을 먼저 말하지 말라는 것입니다. 느헤미야는 왕에게 여러 가지를 요청할 수 있었을 것입니다. 자기 자신을 위한 확실한 노후 준비를 할 수도 있었을 것입니다. 그런데 느헤미야는 인생에 좋은 기회가 왔을 때, 아니 사실은 하나님이 열린 문을 주셨을 때, 그것을 덥석 붙잡지 않습니다. 대신에 그는 매우 중요한 한 가지 행동을 합니다.

5. 느헤미야 2장 4절을 다시 읽어 봅시다. 왕의 질문을 들은 느헤미야는 어떤 행동을 하나요?

느헤미야는 어떤 요구를 하기도 전, 제일 먼저 "하늘의 하나님께 묵도"(느 2:4)합니다. 사람에게 말하기 전에 먼저 기도한 것입니다. 느헤미야에게 참된 왕은 하나님 한 분뿐인 것입니다. 우리의 왕은 과연 누구입니까? 누구를 의지하며 오늘을 살아가고 있습니까? 내가 하는 말과 행동은 자신이 누구를 의지하고 사는지를 드러내 줍니다.

좋은 기회의 문이 열리는 것 같은데 왜 느헤미야는 왕에게 부탁하기 전 하나님께 먼저 기도하는 것입니까? 느헤미야가 이 짧은 시간 동안 기도한 이유는 왕의 제안이 하나님이 주신 응답인지, 그 여부를 알고 싶었던 것이 아닐까요? 혹시 무슨 말을 하기 원하시는지, 주님의 마음을 알고 싶었던 것은 아닐까요? 이런 그의 모습을 보면서 더 깨달아지는 것이 있습니다. 느헤미야, 그는 기도하는 사람이었다는 사실입니다. 누가 이런 기회의 순간에 기도가 자연스럽게 터져 나오겠습니까? 하나님 앞에 늘 기도하는 사람이었기 때문이 아니겠습니까?

함부로 어떤 말을 하기 전에 먼저 주님께 기도해 보시기 바랍니다. 말하기 전에 기도하면 성급함이 주도하는 삶이 아니라 하나님이 인도해 주시는 삶을 살 수 있습니다. 말하기 전에 기도했던 느헤미야, 하나님은 그 기도하는 한 사람을 통해 당신의 사명을 이루어 가십니다.

기도라는 무기는 예수님의 원수들은 사용할 수 없기 때문에 예수님의 친구들에게 더 귀하고 소중합니다.[19]

## 환경을 다스리시는 하나님을 신뢰하십시오

6. 느헤미야 2장 5-9절을 읽어 봅시다. 느헤미야는 기도한 후 왕에게 무엇을 요청하고 있나요? 그리고 여러분이 만약 느헤미야라면 무엇을 요청하고 싶나요? 어떻게 느헤미야는 이처럼 과감한 요구를 왕에게 할 수 있었을까요?

---

느헤미야는 기도한 후 왕에게 여러 가지 사항을 요청합니다. 느헤미야 2장 6절을 보면 왕이 느헤미야에게 언제쯤 돌아올 예정인지 묻습니다. 이에 대해 느헤미야는 돌아오는 기한을 자기 자신이 정합니다. 그리고 7절을 보면, 유다 예루살렘으로 가는 여정 중에 해를 입지 않도록, 또 통행에도 어려움을 겪지 않도록 관리들에게 내리는 조서인 통행증을 달라고 요청합니다. 더욱이 8절을 보면, 예루살렘에서 꼭 필요한 '성전에 속한 영문의 문과 성곽과 느헤미야가 들어갈 집을 위하여 들보로 쓸 재목'까지 요청합니다.

이러한 담대함은 어디서 왔을까요? 느헤미야의 이러한 요청은 기도 후에 나온 것입니다. 하나님의 응답을 가슴에 품은 사람에게 하나님이 주신 담대함이 아닐까요?

7. 느헤미야 2장 5-9절을 다시 한 번 읽어 봅시다. 느헤미야의 요구 사항에 대해서 왕은 어떻게 반응하고 있나요? 그리고 느헤미야는 이러한 왕의 반응을 어떻게 해석하고 있나요?

---

왕은 느헤미야의 여러 가지 요청에 매우 호의적으로 반응하고 있습니다. 이유가 무엇일까요? 하나님이 돕고 계시는 것입니다. 예수님을 믿는 사람들이 하나님의 거룩한 소원과 근심을 갖게 되면 주님은 그러한 사람을 도울 준비를 하고 계십니다. 느헤미야 2장 8절 하반 절을 보면 "내 하나님의 선한 손이 나를 도우시므로 왕이 허락하고"라고 기록하고 있습니다. 중요한 것은 왕이 느헤미야의 요청 사항을 들어 주었다고 기록하지 않고 내 하나님의 선한 손이 나를 도우셔서 왕이 허락했다고 말하고 있다는 것입니다. 능력이 없어서 근심했던 느헤미야는 하나님의 도우시는 손이 그에게 은혜를 베풀어서 왕에게 허락받았다고 기록하고 있습니다. 느헤미야의

이러한 태도는 매우 중요합니다. 결국 거룩한 근심을 갖고 사는 사람은 하나님의 역사를 보게 됩니다. 환경을 움직이시는 하나님의 역사를 보게 되는 것입니다.

느헤미야서는 환경을 다스리시는 하나님을 신뢰하라고 이야기합니다. 거룩한 근심이 있는 사람은 환경이 어려울 때도 끊임없이 주님을 의지하고 신뢰하며 기도합니다. 그때 하나님의 돕는 손이 나를 도우시고, 은혜를 베푸셔서 왕이 허락했다는 믿음의 고백을 하게 됩니다. 주님은 거룩한 근심과 소원을 갖고 순종하며 살려는 사람을 잘 알고 계시고 그 사람을 반드시 도우실 것입니다.

━━ 닫힌 문을 여시는 하나님을 바라보십시오

8. 느헤미야 2장 9-10절을 읽어 봅시다. 느헤미야는 누구와 함께 움직이고 있나요? 그리고 느헤미야가 왔다는 소식을 듣고 산발랏과 도비야가 보인 반응은 무엇이었나요?

---

느헤미야의 삶에 몇 가지 기적이 일어났습니다. 왕이 느헤미야를 예루살렘으로 보내 줍니다. 조서를 내려서 느헤미야에게 자유

통행권을 줍니다. 그리고 삼림 감독에게 조서를 내려서 필요한 자재를 얻어 가게 했습니다. 또한 느헤미야를 혼자 보내지 않고 군대 장관과 마병을 함께 보냅니다. 경호원까지 붙여 보낸 것입니다.

그리고 10절을 보면, 호론 사람 산발랏과 종이었던 암몬 사람 도비야가 이스라엘 자손을 흥왕하게 하려는 사람이 왔다는 소식을 듣고 심히 근심합니다. 여기서 중요한 키워드는 바로 "근심"이란 단어입니다. 산발랏과 도비야는 이스라엘을 부흥시키려는 사람이 왔다는 소식을 듣고 근심하기 시작했습니다. 이 땅에는 하나님의 역사가 이루어져 가는 것을 거부하는 이들이 있습니다. 이들은 느헤미야를 반대하는 것처럼 보이지만, 실상은 하나님의 역사를 거부하는 것입니다. 특별한 근심이 아닙니까? 우리가 하나님의 자녀답게 살아갈 때 하나님을 거역하는 사람들이 근심할 것입니다.

9. 느헤미야 2장 11-16절을 읽어 봅시다. 느헤미야는 예루살렘에 와서 어떤 일을 제일 먼저 하나요? 그 이유는 무엇일까요?

---

12절을 보면 느헤미야는 "내 하나님께서 예루살렘을 위해 무엇을 할 것인지 내 마음에 주신 것"(what my God had put in my heart to do for

Jerusalem, NIV)이 있다고 이야기합니다. 성경에 이런 표현이 있다는 것은 중요한 점을 시사합니다. 하나님이 우리에게 직접 음성을 들려주시는 경우는 굉장히 드뭅니다. 대신 하나님은 우리에게 어떤 일을 할 생각을 우리 마음에 주십니다. 그래서 우리가 하루를 사는 동안 하나님이 주시는 생각이 우리 마음에 주어질 때 그것을 소홀히 여기지 않는 것이 중요합니다. 그것을 잘 간직할 줄 알아야 합니다.

느헤미야는 하나님이 그에게 주신 마음을 아무와도 나누지 않고 한밤중에 몇 사람과 함께 예루살렘을 돌아보기 시작합니다. 하나님이 주신 소원을 이루기 위해서 현장 시찰을 한 것입니다. 무엇을 하면서 현장 시찰을 했을까요? 느헤미야는 분명히 기도하면서 걸었을 것입니다. '하나님은 어떻게 하길 원하실까?' 걸으면서 기도했을 것입니다. 그런데 느헤미야는 이러한 마음을 누구와도 나누지 않습니다. 그래서 방백들은 느헤미야가 어디에 갔고 무엇을 했는지 전혀 알지 못했습니다. 기도하는 사람은 주님이 나누라고 하실 때를 분별할 줄 압니다. 함부로 나누지 않습니다.

10. 느헤미야 2장 17-19절을 읽어 봅시다. 느헤미야는 누구에게 무슨 말을 하고 있나요? 이 말을 들은 사람들의 반응은 어떠한가요?

느헤미야는 하나님의 때에 말하기 시작합니다. "예루살렘이 황폐하고 성문이 불탔으니 자, 예루살렘성을 건축하여 다시 수치를 당하지 말자"라고 외칩니다. 다 와서 같이 건축하자며 사람들을 격려합니다. 그리고 느헤미야가 하나님의 선한 손이 자신을 도우신 일과 왕이 자신에게 한 말을 나누자, 사람들이 "일어나 건축하자" 하고 모두 힘을 내어 이 선한 일을 하려고 합니다. 이렇게 사람들이 움직여서 어떤 일에 동참하게 되면 우리는 일할 의욕이 납니다. 그런데 여기서 주의해야 할 것이 있습니다. 아무리 돕고자 하는 사람이 많다고 하더라도 사람 말을 믿고 일을 추진하면 안 됩니다. 그렇게 하면 반드시 실망하게 됩니다. 하나님의 일은 하나님이 이루십니다.

많은 사람이 느헤미야의 초대에 반응했습니다. 그런데 이 사역에 동참만 하는 것은 아닙니다. 반대도 함께 옵니다. 19절을 보면 산발랏, 도비야 그리고 아라비아 사람 게셈은 느헤미야와 이스라엘 사람들을 업신여기고 비웃습니다. 그리고 왕을 배반하고자 하냐며 위협합니다. 상당한 반대 세력이 일어난 것입니다. 이 세 사람뿐만 아니라 이들을 따르는 무리도 있었을 것입니다. 한쪽 사람들의 이야기를 들으면 의욕이 생기는데, 다른 쪽 사람들의 말을 들으면 낙심이 찾아옵니다. 이때 중요한 것은 누군가 반대한다고 해서 낙심해서는 안 된다는 것입니다. 왜냐하면 주님의 일은 주님이 이루시기 때문입니다.

11. 느헤미야 2장 18절을 보면 느헤미야와 함께하겠다는 사람들이 일어납니다. 한편, 19절에는 느헤미야를 반대하는 사람들이 등장합니다. 그러나 20절에서 느헤미야는 매우 담대하게 자신을 반대하는 자들에게 이야기합니다. 그럼 도대체 19절과 20절 사이에 무슨 일이 있었던 것일까요?

---

느헤미야가 페르시아 왕 앞에서 했던 행동을 기억하십니까? 바로 기도입니다. 느헤미야는 기도의 사람이었습니다. 기도하면 답이 보입니다.

> 내가 그들에게 대답하여 이르되 하늘의 하나님이 우리를 형통하게 하시리니 그의 종들인 우리가 일어나 건축하려니와 오직 너희에게는 예루살렘에서 아무 기업도 없고 권리도 없고 기억되는 바도 없다 하였느니라 느 2:20

느헤미야에게는 하나님이 주신 소원이 있었습니다. 그리고 느헤미야는 사람들을 보고 이 일을 추진하고 있지 않습니다. 자신의 계획에 찬성하면서 돕겠다는 사람을 의지하지도 않았고, 그 일을 강하게 반대하는 사람 때문에 낙심하지도 않았습니다. 대신에 그는 이렇게 이야기합니다. "하나님이 우리를 형통하게 하시리니"(The

God of heaven will give us success, NIV). 느헤미야는 하나님을 보고 있습니다. 느헤미야는 하나님이 당신의 일을 이루시는데, 우리를 통해서 이루신다는 믿음이 있었습니다. 하나님의 근심을 갖고 있는 사람, 그리고 하나님을 변함없이 바라보는 사람을 통해서 하나님은 일하십니다.

실제로 존재하는 진리는 단 두 가지뿐입니다. 즉 전부와 전무(the All and the Nothing)입니다. ⋯ 하나님께서는 '전부'이시고 당신은 '전무'입니다.[20]

## 나눔과 기도

하나님의 거룩한 소원을 알고도 능력이 없어 근심하지만, 주님의 길을 순종함으로 걸어가면 성령이 도우셔서 이루게 됩니다. 우리는 그저 도구로 쓰임 받는 것뿐입니다. 사람을 의지하면 쓰러집니다. 느헤미야는 사람들 때문에 낙심하지 않고, 변함없이 하나님을 바라봅니다. 바로 이것 때문에 느헤미야는 자신에게 주어진 사명을 완성할 수 있었던 것입니다.

우리 앞에 마치 닫힌 문과 같은 상황이 있을지라도 우리를 부르신 하나님을 바라보시기 바랍니다. 왜냐하면 하나님은 막힌 길을 여시는 전문가이시기 때문입니다. 닫힌 문을 여시는 하나님을 바라보십시오.

1. 가정이나 직장, 교회에서 어떤 말을 하기 전에 먼저 기도한 적이 있나요? 느헤미야처럼 잠시라도 기도하고 말한 적이 있다면 그 경험을 나누어 주세요. 또한 우리는 왜 종종 기도하기 전에 말을 먼저 하는지 그 이유를 나누어 보십시오. 어쩌면 그 속에서 답을 찾을 수 있을 것입니다.

🙏 느헤미야는 보통 사람이 기도하지 않는 순간에 기도합니다. 왕이 질문하는데 그 자리에서도 기도합니다. 얼마 동안 기도했을까요? 30분? 1시간? 아닐 것입니다. 왕은 느헤미야 바로 앞에서 질문했습니다. 그리고 그 왕은 느헤미야의 답변을 기다리고 있습니다. 그렇다면 느헤미야는 '잠깐' 기도했을 것입니다. 여기서 우리는 중요한 것을 배울 수 있습니다. 그리스도인은 대화 중에도 기도할 수 있는 존재입니다. 그리고 기도하는 사람은 하나님이 원하시는 말을 하게 될 줄로 믿습니다.

여러분의 인생에 아주 좋은 제안이 찾아왔을 때, 여러분은 어떻게 결정하나요? 어떤 일을 결정하기 전에 기도하는 습관은 매우 중요합니다. 우리가 걸어가는 길이 하나님이 인도하시는 길이라는 확신이 있으면 고난이 와도 감사와 찬송으로 그 길을 끝까지 걷게 됩니다. 이것은 주님의 뜻을 구하는 자들이 누리는 축복입니다.

2. 출애굽기를 보면 모세의 부모가 아기 모세를 갈대 상자에 넣고 나일강에 띄우는 장면이 나옵니다. 모세의 부모에게 갈대 상자는 어떤 의미였을까요? 여러분의 인생에도 그런 '갈대 상자'가 있나요?

---

🙏 모세의 부모는 모세를 살리기 위해서 석 달 동안 숨겼지만 더 이상 그를 지킬 수 없었을 때, 갈대 상자를 준비해서 역청과 나뭇진을 발라 모세를 그 안에 넣고 나일강에 띄웁니다. 이 갈대 상자는 우리의 믿음을 상징합니다. 여러분에게도 믿음의 갈대 상자가 있나요? 있다면 어떤 문제가 발생했을 때 그 문제를 믿음의 갈대 상자 안에 넣으면 됩니다. 최선을 다하면서 살았는데, 내가 더 이상 할 수 없는 순간이 올 때 하나님께 맡겨 드리는 것입니다. 이것이 믿음입니다.

갈대 상자는 최후의 선택이자 가장 연약한 선택이었습니다. 여러분의 인생에도 모세의 갈대 상자처럼 연약하고 보잘것없는 작은 일만 할 수 있었던 적이 있나요? 그때 꼭 기억해야 할 것이 있습니다. 우리는 환경 때문에 일을 포기하면 안 됩니다. 왜냐하면 우리의 하나님은 환경을 다스리시는 분이기 때문입니다. 모세를 갈대 상자에 넣고 나일강에 띄우는 일밖에 할 수 없었던 모세의 부모였지만, 그 작은 믿음의 표현은 하나님의 돕는 손이 함께할 때, 이스라엘 민족을 변화시키는 작은 시작이 되었습니다.

우리가 처한 어떠한 환경에도 불구하고 주님을 신뢰하는 믿음을 달라고 기도합시다. 사람을 의지하지 않고, 하나님의 돕는 손이 도우신다는 것을 신뢰하며 작은 선택을 하시기를 바랍니다. 그렇게 살아갈 때 하나님과 사람들에게 은혜를 입으며 주님의 사명을 잘 감당하게 될 줄 믿습니다.

3. 여러분의 인생에 어떤 문이 닫혀 있나요? 그래서 낙심 가운데 있나요? 또한 인생의 문들이 닫혀 신음하는 지체들을 알고 있나요? 여러분의 상황을 나누어 주세요.

---

🙏 인생의 문이 닫힌 것처럼 보일 때, 하나님의 소원을 품고 믿음의 길을 걸어가시기를 바랍니다. 그때 하나님이 우리 인생 가운데 닫힌 문을 열어 주실 것입니다. 마치 모든 소망이 다 죽은 것 같은 상황이 찾아와도 하나님이 여시면 인생

의 문은 반드시 열립니다. 홍해의 닫힌 문을 여신 하나님, 요단강의 닫힌 문을 여신 하나님, 그리고 예수님의 죽음의 무덤 문을 여신 하나님을 기억하시기 바랍니다. 그리고 느헤미야처럼 언제나 우리의 만왕의 왕이신 주님을 바라보시기 바랍니다. 그때 우리 인생의 닫힌 문들이 열리는 축복이 있기를 소원합니다. 이 시간 서로를 위해 하나님이 인생의 문을 열어 주시기를 함께 기도합시다.

## 결단의 기도

하나님 아버지, 느헤미야가 섰던 자리에 우리가 서게 하여 주옵소서. 이 땅에서 사는 동안 말하기 전에 기도하는 법을 배우게 하여 주옵소서. 함부로 말하는 자가 아니라, 내 생각으로 사는 자가 아니라, 먼저 기도함으로 하나님의 생각을 품게 하여 주시고, 하나님의 언어를 취하여 말할 수 있는 성숙한 사람이 되게 하여 주옵소서.

인생의 문이 완전히 닫힌 것처럼 괴로워하는 삶에 머물지 않게 하시고, 사람을 의지하는 삶을 멈추고 하나님을 바라보게 하옵소서. 주님만이 모든 환경을 다스리시는 우리의 소망 되심을 믿고 고백하며 나아갈 때, 우리의 믿음도 회복되며 닫힌 문들도 열리는 은혜를 경험하게 하옵소서.

느헤미야처럼 우리 자신의 문제가 아니라 다른 사람의 아픔 때문에 일어나 중보기도하는 자가 되게 하여 주옵소서. 느헤미야가 하나님 백성의 고통과 슬픔을 안고 기도했듯이 우리에게도 기도할 영혼을 생각나게 하셔서 그들의 인생의 문이 활짝 열리도록 중보하게 하옵소서. 하나님이 일하심을 믿고 신뢰하며 살아가게 하옵소서. 예수 그리스도의 이름으로 기도합니다. 아멘.

그가 내게 대답하여 이르되
여호와께서 스룹바벨에게 하신 말씀이 이러하니라
만군의 여호와께서 말씀하시되
이는 힘으로 되지 아니하며 능력으로 되지 아니하고
오직 나의 영으로 되느니라

슥 4:6

## Regularly

### 제5과

# 다니엘의 기도 I

#### 하늘 문을 열어 주옵소서

---

"주의 크신 도움 받아 이때까지 왔으니 이와 같이 천국에도 이르기를 바라네."

1758년 당시 스물두 살이었던 로버트 로빈슨(Robert Robinson) 목사가 작사한 "복의 근원 강림하사"(새찬송가 28장)라는 찬송의 한 구절입니다. 그의 고백은 하나님과 더불어 살아가는 일생의 여행을 그리고 있습니다.

다니엘은 바벨론 포로로 끌려가 사는 동안 삶의 굴곡을 경험합니다. 형통과 고난의 시간을 통과하는 동안 그에게는 변하지 않는 것이 있었습니다. '하나님을 만나는 시간', 그것은 절대 양보하지 않았습니다. 삶의 광야를 걸어가는 동안 평안을 유지하는 비결은 하나님을 찾는 시간을 규칙적으로 지키는 것입니다.

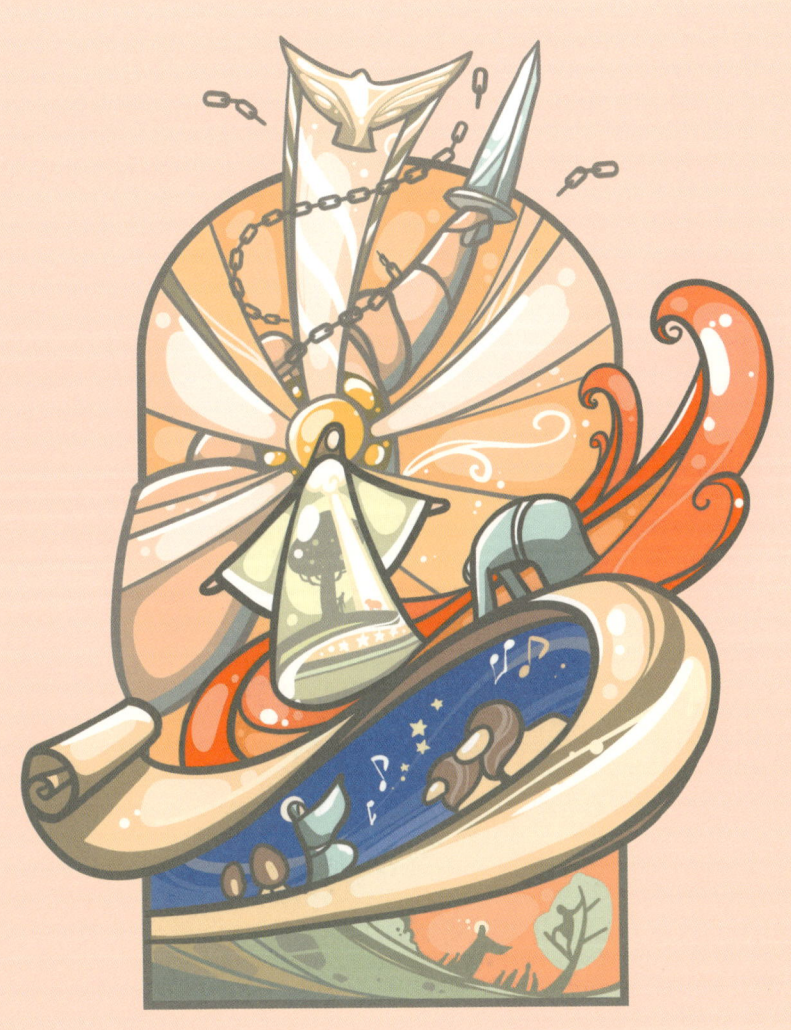

## 들어가기 Intro

여러분이 인생을 마감할 때 누군가가 여러분의 인생을 한 문장으로 정리해 준다면 어떤 문장으로 표현하리라 생각하나요? 그렇다면 여러분이 원하는 문장은 무엇인가요?

다른 사람(예-가족, 친구, 직장 동료)의 표현: _____

_____

내가 원하는 표현: _____

_____

성경에는 한 사람이 일생을 마쳤을 때 그 사람이 어떤 삶을 살았는지를 이야기하는 구절이 있습니다. "여호와 보시기에 정직하게 행하여 그의 조상 다윗의 길로 걸으며 좌우로 치우치지 아니하고"(대하 34:2). 하나님이 한 사람의 인생에 대해서 이런 말씀을 하신다는 것은 우리에게 큰 경각심으로 다가옵니다. 하나님은 우리 인생 전체를 단 한 문장으로 정리하실 수 있습니다. 우리 인생을 마쳤을 때 "하나님을 따르기 위해 몸부림치며 살았다"라는 한 문장이 남기를 바랍니다. 그렇게 할 수 있는 비결은 오직 그렇게 사는 것입니다.

성경은 다윗에 대하여 "하나님 마음에 맞는 사람"이라고 이야기합니다. 그렇다면 다니엘에 대하여 한 문장으로 적는다면 어떻게 표현할 수 있을까요? "하늘 문이 열린 사람"이라고 표현하고 싶습니다. 하늘 문이 열렸다는 말은 다니엘의 삶 가운데 하나님과의 대화가 열려 있었다는 뜻입니다. 하나님은 왜 다니엘의 인생 가운데 하늘의 문을 열어 놓으셨을까요? 우리는 다니엘 6장을 통해서 그 이유를 찾아볼 수 있습니다.

━━ 내 인생의 방향이 오직 하나님을 향해 있을 때 하늘 문을 여십니다

1. 다니엘 6장 1-3절을 읽어 봅시다. 다니엘의 지위는 무엇인가요? 4-5절을 읽어 봅시다. 당시 제국의 고위 관리들은 다니엘에 대해 어떻게 생각했나요?

---

3절을 보면, 다니엘은 당시 제국의 어떤 관리보다 뛰어났기에 전국을 다스리는 권한이 주어졌다고 말합니다. 누군가 이렇게 뛰어나면 시기하는 사람이 등장하기 마련입니다. 더욱이 다니엘은 이방인이었습니다. 외국인이 와서 자기 나라의 총리로, 제2인자로 군림하고 있으니 당시 총리들과 고관들은 다니엘을 끌어내릴 계획을 세우게 됩니다. 그런데 4절은 이렇게 기록하고 있습니다.

> 이에 총리들과 고관들이 국사에 대하여 다니엘을 고발할 근거를 찾고자 하였으나 아무 근거, 아무 허물도 찾지 못하였으니 이는 그가 충성되어 아무 그릇됨도 없고 아무 허물도 없음이었더라 단 6:4

다니엘은 흠잡을 데가 없었다고 합니다. 다니엘을 시기하는 사람들의 고민은 다니엘을 쓰러뜨리고 싶은데 흠이 없다는 것입니다. 그

래서 생각해 낸 것이 바로 다니엘의 규칙적인 신앙생활이었습니다. 그들은 이를 이용하여 다니엘의 흠을 잡을 구실을 계획했습니다.

2. 다니엘 6장 5-9절을 읽어 봅시다. 다니엘을 고소하고자 하는 사람들이 꾸민 일은 무엇인가요?

―――――――――――――――――――――――――――

다니엘을 시기하던 사람들은 결국 다니엘의 신앙생활에서 흠을 찾아내지 못하면 그의 삶에서는 어떠한 흠도 찾을 수 없다고 이야기합니다. 그래서 이들은 왕을 설득해서 한 법을 통과시키려 합니다. 이 법은 30일이란 기간을 정해 놓고, 이 기간에 누구든지 왕 외에 어떤 신에게나 사람에게 무엇을 구하면 사자 굴에 던져 넣는다는 것입니다. 벌금형도 아니고 사자 굴에 넣어서 죽이려는 법을 만든 것입니다. 이들은 다니엘만 쏙 빼고 만장일치로 왕에게 의견을 가지고 옵니다. 왕은 이 법에 도장을 찍습니다. 그리고 이 법은 절차에 따라 공포가 됩니다. 이제 30일 동안 누구든지 다른 신에게 무엇을 구하기만 해도 그 사람은 사자 굴에 던져지는 형에 처하게 됩니다.

3. 다니엘 6장 10절을 읽어 봅시다. 다니엘은 새로운 법에 대해서 어떻게 반응하고 있나요? 다니엘은 어떤 선택을 하나요? 여러분이 만약 다니엘이라면 어떻게 반응했을까요?

---

다니엘은 그 법에 어인이 찍힌 것을 알고도, 사자 굴에 들어갈 것을 알고도, 자기 집에 돌아가서는 윗방에 올라가 예루살렘을 향한 창문을 열고 전에 하던 대로 하루 세 번씩 무릎 꿇고 기도합니다. 참 은혜가 되는 구절입니다. 비록 우리가 그렇게 살지는 못할지라도 그의 신실함과 경건한 습관에 박수를 보내고 싶은 마음입니다.

다니엘이 처한 상황과는 다르지만, 우리도 신앙을 가지고 직장 생활을 하다 보면 하나님 말씀을 지키고 사는 것이 마치 그 직장에서 죽는 것처럼 느껴질 때가 있습니다. 말씀의 원칙을 지키면서 직장 생활을 하다 보면 요샛말로 '고문관'처럼 보일 때가 있습니다. 그래서 직장 동료에게 따돌림을 받을 때도 있습니다.

유행에 민감하고 미디어가 주도하는 현 시대 속에서 고독하게 사는 길을 선택하는 것은 결코 쉽지 않은 일입니다. 이 세상은 그런 그리스도인을 속 좁은(narrow-minded) 사람으로 취급합니다. J. I. 패커(J. I. Packer)가 오래전 유럽에서 했던 강의의 제목을 본 적이 있습니다. "Narrow Mind or Narrow Way?"(좁은 마음인가, 좁은 길인가?) 기독교 신앙은 속이 좁은 사람의 길을 가는 것이 아니라 좁은 길로 걸어가는 것입니다. 하나님의 말씀을 따라서 말입니다. 그곳에 세상의 시선을 이기는 평안이 있습니다.

4. 다니엘 6장 10절을 다시 한 번 읽어 봅시다. 다니엘이 기도하는 방의 창문은 어디를 향해서 열려 있나요?

---

　　다니엘이 기도하는 방의 창문은 예루살렘을 향해 열려 있었습니다. 다니엘서는 다니엘이 두고 온 조국 이스라엘을 향했다고 표현하지 않고 예루살렘을 향했다고 기록하고 있습니다. 예루살렘에는 성전이 있었습니다. 솔로몬 성전은 느부갓네살왕 때 다 무너졌습니다. 하지만 성전은 이스라엘 백성에게 신앙의 중심이었습니다. 하나님을 만나던 곳입니다. 다니엘이 기도할 때 예루살렘을 향했다는 것은 그의 인생 방향을 이야기한 것입니다. '성전은 무너졌지만, 주님은 살아 계신다. 성전은 무너졌지만, 내 믿음은 무너지지 않았다.' 그래서 다니엘이 기도하는 방의 창문이 예루살렘을 향한 것은 다니엘이 그의 인생 방향을 하나님께 두고 있다는 것을 상징합니다.

하나님은 어떤 사람에게 하늘 문을 열어 주시고, 그 인생 가운데 하나님의 은혜가 나타나게 하실까요? 다니엘 6장은 다니엘의 인생 방향이 언제나 어디서나 무슨 일을 만나든지 하나님을 향해 있었다는 것을 보여 줍니다. 성전이 무너지고 나라가 무너졌음에도 불구하고 하나님을 향해서 얼굴을 두고 있었던 사람이 바로 다니엘입니다.

우리에게 인생의 방향은 너무나 중요합니다. 우리 인생이 잘못된 곳을 향하면 10년 뒤에는 너무나 다른 사람이 되어 버립니다.

미국 동북부에 인생 풍파를 겪는 사람들이 많이 찾는 한 카운슬러가 있다. … 그는 … 절대로 내담자에게 무슨 문제가 있는지 묻지 않는다. 어린 시절의 깊은 트라우마나 가정환경을 파헤치지 않는다. 교회에 꾸준히 참석하는지도 묻지 않는다. 물론 상담 중간에는 그런 질문을 던질 수 있지만 상담의 문을 그렇게 열지 않는다. 지혜로운 카운슬러는 내담자에게 '한 가지 질문'을 던진다. '거룩한 하나님의 임재를 언제 느꼈습니까?' 그는 인생의 풍파에 시달리는 사람은 벼락이 언제 또 칠지를 두려워하며 구름에서 눈을 떼지 않는다는 것을 알았다. 성난 파도가 삶을 뒤덮을 때는 예수님을 바라보기보다 폭풍을 바라본다는 것을 알았다. 그래서 우리는 넘실대는 물결을 보면서 그다음 파도를 기다린다. … 이 현명한 카운슬러가 내담자에게 신실한 하나님을 경험한 순간이 언제였는지 묻는 것은 신실한 하나님이 곧 우리 영혼의

피난처이자 반석이기 때문이다.²¹

　다니엘은 마치 이 현명한 카운슬러처럼 우리에게 다시 하나님을 바라보라고 권하는 상담자 역할을 하고 있습니다.
　하나님은 우리 인생의 방향이 하나님을 향하고 있을 때 하늘 문을 열어 주십니다. 다니엘서는 우리가 지금 어떤 상황에 처해 있든지 하나님만을 바라보라고 외치고 있습니다. 지금 하나님을 바라보지 못하고 있다면 우리의 시선을 다시 하나님께 고정하는 회복이 있기를 바랍니다.

―― 하나님은 늘 무릎을 꿇고 엎드리는 자의 하늘 문을 여십니다

5\. 다니엘 6장 10절을 다시 한 번 읽어 봅시다. 이 구절에서 볼 수 있는 다니엘의 기도 생활의 특징에 관해서 이야기해 보세요.

　다니엘은 "전에 하던 대로"(as he had done before, NIV) 하루 세 번씩 무릎을 꿇고 기도했습니다. NLT 성경은 'as usual'이라고 표현합니다. 다른 말로 하면 '늘 하던 대로'라고 이해할 수 있습니다. '늘 하

던 대로'라는 단어가 있으면 그다음에는 주동사가 나옵니다. 예를 들면, "늘 하던 대로 아침에 조깅했다", "늘 하던 대로 밤에 야식을 먹었다"처럼 다니엘의 기도 생활은 "늘 하던 대로 기도하는" 일상 생활이었음을 엿볼 수 있습니다.

팀 켈러(Timothy Keller)는 이렇게 이야기합니다. "매일 기도, 또는 일일 기도는 오랜 옛날부터 있어 왔던 성경적인 관습입니다. … 중세 크리스천들은 [예수님께서] 깊이 잠든 제자들에게 '너희가 나와 함께 한 시간도 이렇게 깨어 있을 수 없더냐?'(마 26:40)라고 하셨던 도전에 토대를 두고 날마다 시간을 정해 놓고 기도했습니다."[22]

매일 규칙적으로 갖는 기도의 시간이 있습니까? 만일 우리도 매일 '늘 하던 대로' 기도하며 산다면 어떤 내면의 변화가 일어날지 기대가 되지 않습니까?

6. 아래 빈칸을 채워 보세요.

늘 하던 대로 어제도 나는 _____ 을(를) 했다.

'늘 하던 대로'(regularly)라는 단어가 있을 때 뒤이어 나오는 주동사는 무엇입니까? "늘 하던 대로 어제도 밤에 라면을 먹었다", "늘 하던 대로 어제저녁에도 연속극을 보았다", "늘 하던 대로 어제도 다섯 끼를 먹었다", "늘 하던 대로 어제도 야근했다." 이 문장들 자체로는 모두 가치 중립적인 표현입니다. 다만 여기서 이야기하고 싶은 것은 "늘 하던 대로 하나님을 찾았다"는 문장이 있기를 바란다는 것입니다. "늘 하던 대로 성경을 읽었다", "늘 하던 대로 기도했다."

필요할 때 그리고 아쉬울 때 주님을 찾는 것도 귀하지만, 주님이 우리에게 더 원하시는 것이 있습니다. 그것은 바로 주님을 늘 찾는 것입니다. 늘 주님을 찾는 사람에게 하나님은 인생의 하늘 문을 활짝 열어 주실 줄로 믿습니다. 다니엘이 하나님의 축복을 누리고 살 수 있었던 비결 중의 하나는 바로 늘 기도하는 삶입니다. 다니엘은 특별한 행사가 있을 때만 주님께 달려오는 사람이 아니었습니다. 특별 새벽 기도 때만 주님을 찾던 사람이 아니었습니다. 그는 매일 주님을 찾는 영적인 갈망이 있었던 사람입니다.

7. 다니엘 6장 11절을 읽어 봅시다. 누가 다니엘이 기도하는 것을 발견했나요?

---

성경을 보면 다니엘을 고소하고자 했던 무리가 다니엘이 기도

하며 간구하는 것을 '보았다'라고 기록하지 않고 '발견했다'라고 기록하고 있습니다. 당시에는 카메라가 없었기 때문에 다니엘이 기도하는 것에 대해서 고소하려면 증인이 필요했습니다. 그래서 다니엘을 죽이고자 했던 무리는 다니엘이 기도하기를 기다렸을 것입니다. 그렇게 기다리다가 다니엘이 기도하는 순간을 포착한 것입니다. 하루 세 번 기도하는 그 순간을 포착하기 위해서 그들은 다니엘을 기다렸습니다. 그런데 과연 이 사람들만 그랬을까요?

── 하나님은 기도할 수 없는 날에 나의 기도를 기다리십니다

8. 다니엘을 죽이고자 했던 자들 이외에 누가 또 다니엘이 기도하는 모습을 보았을까요?

---

하나님도 다니엘을 기다리고 계시지 않았을까요? 이러한 상상은 우리에게 너무나 큰 위로가 됩니다. 어떤 이들은 다니엘을 죽이기 위해서 기다렸지만, 하나님은 다니엘을 축복하시기 위해서 기다리셨습니다. 특별히 기도할 수 없고 예배할 수 없는 상황에서 기도하고 예배할 때 주님은 그것을 보고 계십니다. 뜨거운 가슴으로 보

시지 않을까요? 하나님과 다니엘의 대화를 한번 상상해 봅니다.

"다니엘, 오늘도 왔구나. 그런데 이번에 기도하면 사자 굴에 들어갈 텐데, 괜찮니?"

"주님, 괜찮아요."

"사자 굴에 들어가는데도 나를 찾다니. 고맙다, 다니엘아."

우리의 인생이 하나님을 감동시키는 삶이 되기를 소원합니다. 신앙생활을 하다 보면, 우리를 끝장내려는 시선이 있을 때, 동시에 우리를 축복하시려는 하나님의 시선도 있다는 것을 알게 됩니다. 다니엘은 하나님의 눈을 볼 수 있는 믿음이 있었습니다. 그래서 다니엘은 늘 기도했습니다. 우리의 삶에 '늘 하던 대로'라는 단어가 나올 때 '기도했다'라는 동사가 함께 나올 수 있기를 바랍니다.

우리가 한 가지 오해하지 말아야 할 것이 있습니다. 주님을 가끔 찾는 사람에게는 하나님이 하늘 문을 안 열어 주실까요? 저는 열어 주신다고 생각합니다. 가끔 기도하면 가끔 문이 열리지 않을까요? 그러나 늘 기도하는 사람에게는 하나님이 그 마음이 고마워서 문을 활짝 열어 주시지 않을까요?

9. 다니엘이 기도할 수 없는 상황에서 기도한 이유는 무엇일까요? 각자의 생각을 이야기해 보세요.

저희 아버지가 89세 되셨을 때 하시던 말씀이 있었습니다. 아버지도 목회자셨고 저도 목회자니까 당신이 죽으면 아들인 저에게 연락하지 말고 장례 다 치른 후 끝났다고만 알려 주라고 하셨다고 합니다. 목회하면서 바쁜데 한국까지 왔다가 갈 필요가 있냐며 천국에서 보자고 하신 것입니다. 목사인 아들을 배려해 주신 목회자 아버지의 마음이었습니다. 그런 아버지가 제가 한국을 방문했을 때는 방에 있는 다른 가족들더러 다 나가라고 하시고 저만 부르셔서 당신이 죽으면 어떻게 해야 할지를 이야기하셨습니다. 말씀으로는 오지 말라고 하셨지만, 아들과 이야기하고 싶으셨던 것이 아버지의 진짜 마음이 아니었을까요?

육신의 아버지도 이렇게 자녀를 기다립니다. 하늘에 계신 우리 아버지는 우리가 기도하기 어려운 상황에서, 예배할 수 없는 상황에서 마음을 다해 기도하며 예배하기를 기다리고 계십니다. 우리가 기도할 수 없는 날, 하나님은 우리의 기도를 많이 기다리십니다. 다니엘은 어쩌면 이러한 주님과의 만남이 그의 인생에서 가장 소중했던 사람이 아니었을까요? 우리에게도 주님을 만나는 예배와 기도의 시간이 인생에서 가장 소중한 시간이 되기를 바랍니다.

── 하나님은 끝까지 하나님만을 의지할 때 하늘 문을 열어 주십니다

10. 다니엘 6장 12-17절을 읽어 봅시다. 다니엘을 향한 왕의 마음은 어떤가요? 다니엘을 고소한 사람들에 대한 왕의 마음은 어떠했을까요? 그리고 왕의 결정에 대해서 어떻게 생각하나요?

---

다니엘이 기도하는 광경을 목격한 후 이 무리는 왕에게 찾아옵니다. 그리고 다니엘을 사자 굴에 넣어 달라고 요청합니다. 그런데 성경을 보면 왕이 다니엘을 무척이나 아꼈던 것을 알 수 있습니다. 그래서 그는 아주 많이 근심합니다. 아침부터 저녁까지 괴로워합니다. 어떻게 해서든지 다니엘을 건져 주려고 노력했지만, 자신의 도장이 찍힌 법이 있기에 어쩔 수 없이 다니엘을 사자 굴에 던져 넣는 것을 허락합니다. 그러면서 왕은 다니엘에게 이렇게 이야기합니다. "네가 항상 섬기는 너의 하나님이 너를 구원하시리라"(단 6:16). 다른 말로 하면 이 상황에서는 하나님이 구원하시는 것 외에는 다른 방법이 없다는 것입니다.

다니엘 6장 18-20절을 읽어 보면, 왕은 자신이 아끼고 사랑하는 총리가 고통을 당하니까 밤이 새도록 아무것도 먹지 못하고 잠도 자지 못하고 어떠한 즐거움도 누리지 못합니다. 그리고 새벽이 되

자 사자 굴로 달려가 애타게 다니엘의 이름을 부릅니다. 그리고 슬피 소리를 지르며 다니엘이 살아 있는지 물어봅니다. 이렇게 다니엘에게는 자신을 지지해 주고 응원해 주고 슬퍼해 줄 사람이 있었습니다. 그런데 다니엘은 이런 사람조차도 도울 수 없는 곳에 홀로 있어야 했습니다.

11. 다니엘 6장 21-22절을 읽어 봅시다. 여러분이 다니엘이라고 생각하고 다니엘의 말을 왕에게 하듯이 한번 말해 보세요.

---

왕이 다니엘을 애타게 찾았는데, 아무 음성도 들리지 않는 침묵이 있었던 것이 아니라 다니엘의 쩌렁쩌렁한 목소리가 들립니다.

> 나의 하나님이 이미 그의 천사를 보내어 사자들의 입을 봉하셨으므로 사자들이 나를 상해하지 못하였사오니 이는 나의 무죄함이 그 앞에 명백함이오며 또 왕이여 나는 왕에게도 해를 끼치지 아니하였나이다 하니라 단 6:22

다니엘은 아무도 자신을 도울 수 없고 함께 있어 줄 수 없는 그곳에서 주님을 붙드는 신앙을 지키고 있었습니다. 하루 세 번 주님 앞에서 기도하며 하나님에 대한 믿음을 지키고 하나님만 의지하고 살려고 애쓴 다니엘 앞에 천사가 와서 사자의 입을 봉했습니다. 이 사자들은 맹수입니다. 그런 맹수를 마주해야 했던 최악의 현실 속에 던져졌지만, 그리고 그 현실에서 나올 수 없도록 사자 굴의 입구가 봉해졌지만, 하나님은 바로 그 최악의 현실 속에서 다니엘을 삼키려는 사자의 입을 봉해 버리셨습니다.

이런 상상을 해 봅니다. 왜 그 시간에 하나님의 천사가 그곳에 있었을까요? 주님은 그날 그 시간에 정확하게 다니엘이 사자 굴에 던져질 것을 알고 계시지 않았을까요? 우연이 아니라, 미리 천사를 보내셔서 사자의 입을 봉하신 하나님을 찬송합니다. 그리고 그 기적보다 더 중요한 것은 하나님 앞에 늘 나아가 기도하려 했던 다니엘의 삶과 신앙입니다. 우리에게도 이렇게 신실한 기도가 있다면 얼마나 좋을까요? 경건의 습관이 몸에 자리 잡도록 자신을 훈련하는 그리스도인이 되어 가시길 바랍니다.

12. 다니엘 6장 23절을 읽어 봅시다. 다니엘의 몸이 조금도 상하지 않은 이유는 무엇인가요?

왕이 매우 기뻐하며 다니엘을 굴에서 올리라 합니다. 굴에서 올려진 다니엘을 보니 그의 몸이 조금도 상하지 않았다고 성경은 기록하고 있습니다. 그리고 그 이유가 다니엘이 자기 하나님을 의뢰하였기 때문이라고 합니다. 다니엘은 "내 눈높이까지 내려오셔서 들어 주시는 하나님"[23]을 만난 것입니다. 하나님은 기도하는 삶의 자리까지 내려오십니다. 기도하는 자에게 가장 약해지시는 분이 하나님이십니다. 사자 굴이 닫혔을 때도 다니엘에게는 닫히지 않은 문이 있었습니다. 아무도 의지할 수 없는 상황에서도 주님을 의지하는 사람의 인생에 하늘 문이 열려 있습니다.

### 나눔과 기도

하나님은 어떤 사람의 인생에 하늘 문을 열어 주실까요? 하나님을 의지할 수 없는 상황에서도 끝까지 하나님만을 의지할 때 그 사람의 인생에 하늘 문을 열어 주십니다. 우리 인생에는 그 누구도 의지할 수 없는 상황이 찾아옵니다. 그런데 하나님은 그러한 상황에서도 주님만 의지하며 기도하는 한 사람을 찾으십니다. 마음의 눈이 주님을 향한 한 사람을 찾으십니다. 그리고 그 사람에게 하늘의 문을 열어 주십니다.

1. 지난 한 주간 또는 지난 3개월 동안 여러분의 마음의 눈은 무엇을 향해 있었는지 나누어 주세요.

🙏 누가복음 19장 1-10절을 보면 우리가 잘 아는 삭개오가 등장합니다. 삭개오는 세리장이었습니다. 그는 돈방석 위에 앉아 있던 사람입니다. 인생의 방향이 돈에 있던 사람입니다. 하지만 삭개오의 인생은 행복하지 않았습니다. 그런데

어느 날 자신의 동네에 예수님이 지나가신다는 이야기를 듣게 됩니다. 그 순간 삭개오는 예수님이 너무나 보고 싶었습니다. 그러나 그는 키가 유난히 작았습니다. 그래서 돌무화과나무 위로 올라갔습니다. 자기 눈을 다른 데로 하나도 돌리지 않았습니다. 대신에 걸어오시는 예수님께 그의 시선을 고정했습니다. 이미 수많은 눈동자가 예수님을 보고 있었습니다. 그런데 예수님은 누가 당신을 진심으로 바라보고 있는지를 알고 계셨습니다. 그때 예수님은 삭개오를 부르십니다. "삭개오야 속히 내려오라 내가 오늘 네 집에 유하여야 하겠다"(눅 19:5). 그리고 주님은 삭개오의 집에 들어가서 삭개오가 회심하는 것을 보고 이 집에 구원이 이르렀다고 하시며 이 사람도 아브라함의 자손이라고 선포하십니다.

여러분은 예수님을 어떻게 바라보고 있나요? 혹시 주님을 바라보는 척하면서 다른 것을 쳐다보고 있지는 않나요? 다른 것을 바라보고 있으면서 영적인 갈등 속에 머물고 있지는 않나요? 우리의 눈이 진심으로 주님을 바라보기 시작할 때 비로소 생명과 회복을 경험하게 됩니다.

'주님이 나를 도와주셔야 합니다. 주님만이 내 소망입니다. 내 망쳐진 인생을 살릴 수 있는 분은 주님밖에 없습니다.' 이런 마음으로 주님을 바라보며 기도하시기 바랍니다.

2. 하나님은 우리가 기도할 수 없는 날에 부르짖는 우리의 기도를 기다리고 계십니다. 우리를 기다리시는 하나님을 경험한 적이 있다면 나누어 주세요.

🙏 가정 예배를 드릴 때 저희 아이들의 관심사는 제가 설교를 몇 분 할지였습니다. 그래서 한번은 설교를 하지 않고 제가 성경에 대해서 물어보면 아이들이 정답을 맞히는 시간을 가졌습니다. 아이들이 맞힐 때마다 상금을 5달러씩 주었습니다. 그러니까 그때는 아이들이 열심히 참여했습니다. 하지만 아이들이 성경보다 돈을 더 좋아하는 것 같다는 생각이 들어 안타까운 마음이 들기도 했습니다.
그러다가 어느 날 가정 예배 중에, 아이들이 먼저 기도하고, 아내가 기도하고, 제가 마무리하는 순서로 기도하기로 했습니다. 그런데 그날 아이들이 각자 3-4분씩 기도를 하는 것입니다. 아이들이 갓난아이와 같은 믿음으로 간신히 기도하는 줄 알았는데, 기도를 오래 하는 것을 들으니까 가슴이 뭉클해졌습니다. 너무 감격스러웠습니다. 그래서 저는 그날 기도를 길게 할 필요가 없었습니다.

믿음을 가진 부모도 아이들이 기도하는 모습을 보면 이렇게 기쁜데 우리를 사랑하시는 하나님, 그 기도에 응답해 주시는 하나님이 우리가 수시로 엎드려 기도하고 사자 굴에 들어갈 줄 알면서도 기도한다면 얼마나 기뻐하실까요? 그의 인생 문을 다 열어 놓지 않으실까요? 활짝 열어 두실 것입니다. 하늘 문을 강제로 열기 위해서 하나님께 소리치기보다는 하나님이 하늘 문을 열어 주시는 삶을 사십시오. 그리고 하나님을 늘 바라보며 엎드리고 기도하시기를 바랍니다. 늘 기도하는 복이 평생 우리에게 있기를 소원합니다.

3. 다니엘 6장 17절을 읽어 봅시다. 다니엘은 순식간에 자신의 모든 권력과 신분을 상실했습니다. 자신을 총애하던 막강한 권력을 소유한 왕도 다니엘을 돕지 못했습니다. 그리고 다니엘은 그 누구도 의지할 수 없는, 자신을 해치려는 사자들만 있는 곳으로 던져집니다. 이러한 사자 굴 같은 상황 속에 있었던 적이 있나요? 그 속에서 무엇을 했는지 나누어 주세요.

🙏 다니엘은 사자 굴에 던져졌습니다. 그리고 돌이 굴 어귀를 막고 왕의 도장과 귀족들의 도장으로 완전히 봉해집니다. 이 장면을 한번 상상해 보시기 바랍니다. 이제 굴 안에는 누구와 누구만 있나요? 사자와 다니엘만 있습니다. 정말로 아무도 의지할 수 없는 곳으로 순식간에 들어가 버린 것입니다. 그런데 사람에게 위기가 찾아오면, 하나님보다 다른 것을 더 믿게 됩니다. 눈에 보이는 것이 더 믿어집니다. 그래서 돈이 없는 사람은 하나님보다 은행과 부자를 더 의지하게 됩니다.

지금 다니엘은 아무도 도와줄 수 없는 자리에 들어갔습니다. 이것은 매우 중요한 의미를 지닙니다. 아무도 다니엘을 살려줄 수 없습니다. 그 누구도 다니엘과 함께 있을 수도 없습니다. 다니엘이 가야 했던 길은 누구의 도움 없이 다니엘이 직접 통과해야 하는 길이었습니다. 그러나 꼭 기억하십시오. 하나님은 끝까지 하나님만을 의지하는 자에게 하늘 문을 열어 주십니다. 지금 처한 그 현실 속에서 하나님을 의지하는 기도를 하십시오. 하나님을 전적으로 의지할 때 하늘 문이 열리는 축복을 누리기를 소원합니다.

## 결단의 기도

하나님 아버지, 필요할 때만 주님을 찾는 자가 아니라 늘 기도하는 자가 되길 원합니다. 늘 주님을 찾는 자가 되길 원합니다. 다른 데를 쳐다보고 있던 시선을 돌려 이제 하나님을 바라봅니다. 세상 것을 의지하려고 했던 마음에서 돌이켜 주님만 의지하는 자가 되기를 소원합니다. 살아 계신 하나님만이 우리의 도움이시며 소망이심을 고백합니다. 예수님만이 나의 생명이심을 고백합니다. 누가 우리 인생의 막힌 문제를 풀어 줄 수 있습니까? 누가 질병에서 우리를 자유케 할 수 있습니까? 누가 우리 가족의 문제들을 만져 줄 수 있습니까? 하나님밖에 없음을 고백합니다.

어떠한 상황에서도 하나님을 바라보는 자가 되기를 원합니다. 내 인생의 방향이 주의 얼굴을 향하게 하여 주옵소서. 아무도 의지할 수 없는 자리에서도 주님만을 의지하는 믿음을 주옵소서. 그때 내 인생의 문을 활짝 여시는 주님을 경험하게 하여 주옵소서. 예수 그리스도의 이름으로 기도합니다. 아멘.

내가 여호와를 항상 내 앞에 모심이여
그가 나의 오른쪽에 계시므로
내가 흔들리지 아니하리로다

시 16:8

## 제6과

# 다니엘의 기도 II

끝까지 믿음으로 살게 하옵소서

---

"기도란 위대한 모험이다. 새로운 관계의 대상인 하나님이 우리보다 크시며 우리의 모든 계산과 예측을 뛰어넘으시기 때문이다. … 참 기도는 우리를 거짓된 확실성에서 참된 불확실성으로, 간편한 지원체제에서 모험의 복종으로, 많은 '안전한' 신에서 다함없는 사랑의 하나님께로 이끌어 가기 때문이다."[24]

기도의 골방을 가지고 사는 것은 축복입니다. 어떤 위기의 상황에서도 달려갈 곳, 의지할 분이 있기 때문입니다. 다니엘은 예상치 못한 위기에 직면합니다. 그의 선택은 의외로 단순합니다. 기도의 자리로 들어가는 것입니다.

## 들어가기 Intro

우리는 코로나 팬데믹(COVID-19)을 경험하면서 교회 예배당에서 전혀 모일 수 없었던 안타까운 시절을 보냈고, 목회자들도 성도가 하나도 없는 예배당에서 설교를 해야 하는 가슴 아픈 시간을 보내기도 했습니다. 예배에 너무나 많은 변화가 있었습니다. 이러한 시대 속에서도 나의 기도와 예배는 살아 있었나요? 경험을 나누어 주세요.

---

 기도와 예배를 금지하는 명령이 법으로 제정된다면 그리스도인은 어떤 태도를 취해야 합니까? 수많은 토론과 다양한 대응책이 교회들을 통해 발표될 것입니다. 하지만 기도 금지법이나 예배 금지법 같은 위기 상황을 생각하기 전에 스스로 질문해야 할 것이 있습니다. "내 삶 속에 골방 기도를 가지고 사는가?", "나에게 기도의 시간이 있는가?", "주일 예배를 마음 다해 드리는가?" 만일 그런 예배와 기도 생활을 하지 않는 사람이라면 첫 질문에 대하여 고민할 필요나 자격이 없는지도 모릅니다. 이 시간 잠시 우리의 기도와 예배는 살아 있는지 돌아보고, 서로 진솔하게 나누어 봅시다.

▬▬ **기도/예배할 수 없는 날에도 홀로 주님 앞에 나아가십시오**

우리는 앞서 5과에서 다니엘의 기도에 대해서 살펴보았습니다. 이번 과에서는 같은 다니엘 6장의 본문을 가지고 다른 관점에서 다니엘의 기도를 살펴보고자 합니다.

1. 우리가 살고 있는 나라에서 만약 아무도 자신의 신에게 기도하면 안 된다는 법령이 공포된다면 여러분은 어떻게 행동할 것 같습니까?

---

다니엘 6장 6절을 보면 다니엘을 시기 질투하는 총리들과 고관들이 모여 왕에게 나아가서 다리오왕을 칭송합니다. 그러나 사실 이들의 관심은 다른 곳에 있었습니다. 이들은 특별한 법을 만들기 원했습니다. 그 내용은 30일이라는 특별 기간을 정하고 이 기간에 왕 말고 다른 사람이나 신에게 무엇을 구하면 그 사람을 사자 굴에 집어넣자는 것입니다. 그 대상이 누구인지 고민하기 전에 왕으로서는 으쓱할 만한 일입니다. 왕이 가진 절대 권력을 보여 줄 수 있는 법이기 때문입니다. 왕은 그 법령에 도장을 찍어서 온 지역에 공포합니다. 이 법을 만든 이유는 단 한 가지였습니다. 고위 관리들이 볼 때 다니엘은 기도하는 사람이었기 때문입니다. 그래서 다니엘을

잡아넣기 위한 법, 다니엘을 죽이는 법을 만든 것입니다. 오늘날로 표현하면 기도 금지법, 즉 누구도 기도하지 말라는 법입니다.

다니엘은 이 조서에 왕의 도장이 찍힌 것과 법령이 공포된 사실을 알면서도 자기 집 윗방에 올라 예루살렘을 향한 창문을 열고 전에 하던 대로 하루 세 번씩 무릎 꿇고 기도하며 그의 하나님께 감사합니다. 기도 금지법이 내려졌는데도 혼자서 주님 앞에 기도했다는 것입니다. '기도했다'는 표현이 나온 다음에 '하나님께 감사했다'는 말이 나오는데, 이 말을 다른 단어로 바꾼다면 그의 '하나님께 찬송하고 예배했다'는 말입니다. 기도할 수 없는 날, 예배드릴 수 없는 날에도 다니엘은 홀로 주님께 기도하며 예배했습니다.

기도의 삶을 살았던 E. M. 바운즈(E. M. Bounds)는 "그리스도인의 삶은 전쟁이요 치열한 싸움이요 평생 계속되는 전투"[25]라고 말합니다. "이 삶은 원수를 좌절시키고 최후에 넉넉히 이기기 위해 온 힘을 쏟아 부어야 하는 삶"[26]이기에 영적으로 무장하고 살아가야 하는 것임을 강조합니다. 기도하던 사람이 어려운 날에도 기도할 것입니다. 기도의 골방을 가지고 살아가십시오.

2. 여러분의 인생에서 기도할 수 없는 날이 있었나요? 예배드릴 수 없는 날이 있었나요? 어떤 상황이었는지 함께 나누어 주세요.

성경이 다니엘서를 통해서 주는 교훈이 있습니다. 그것은 바로 기도할 수 없는 날에, 예배드릴 수 없는 날에 홀로 기도하며 예배하라는 것입니다. 제가 섬기는 교회는 지금까지 30가정 이상 선교사로 헌신해서 선교지로 떠났습니다. 선교사님들이 모든 절차를 마치고 떠나기 직전에 저는 꼭 선교사님들과 만나서 식사합니다. 그리고 담임 목회자로서 두 가지 부탁을 드립니다. 그중에 첫 번째는 선교지에서 반드시 주일 공예배를 지키라는 것이고, 두 번째로 개인의 예배인 경건의 시간을 가지라고 권합니다. 선교사로서 선교지에 가서 제일 먼저 할 일은 복음을 전하는 것이 아닙니다. 먼저 그 땅에서도 예배자가 되는 것입니다.

주일 공중 예배(Sunday Corporate Worship)는 정해진 시간에 함께 모여 주일 예배를 드리는 행위입니다. 선교사님 중에는 자유롭게 예배드릴 수 없는 상황에 처한 분들이 많습니다. 그럴 경우 선교사님 가정들이 모여서 예배를 드리거나 더 위험할 경우에는 자기 가족끼리 주일 예배를 드릴 수도 있습니다. 중요한 것은 정해진 주일 공중 예배 시간을 지키는 것입니다.

한번은 어린 자녀 두 명을 데리고 선교지로 나갔던 선교사님이 크리스마스에 카드를 보내왔습니다. 그 내용은 "목사님, 주일날 가족끼리 1년 동안 예배를 드리는데 제가 언제까지 제 남편의 설교를 듣고 있어야 하겠습니까?"였습니다. 한편으로는 웃음이 나면서도 마음이 아팠습니다. 그리고 이렇게 답장을 보냈습니다. "그래도 예배를 잘 드리십시오." 그리고 얼마 후에 남편의 설교가 은혜가 된다는 답신이 왔을 때 얼마나 기뻤는지 모릅니다.

주일 공중 예배는 성도에게 생명처럼 소중한 것입니다. 이렇게 예배를 강조하는 이유는 선교의 목적이 모든 나라와 열방이 하나님을 예배하는 것이기 때문입니다. 선교는 그 자체가 목적이 아닙니다. 모든 나라가 주님을 예배하도록 하는 도구입니다. 그래서 선교사는 예배자여야 합니다. 그리고 신앙인은 모두 예배자여야 합니다.

기도도 마찬가지입니다. 성경은 우리가 "하나님의 성전"(고전 3:16)이라고 강조합니다. 그리고 그 성전은 "만민이 기도하는 집"(막 11:17)입니다. 기도할 수 없어서 기도를 멈춘다면 우리의 정체성이 무너지게 됩니다. 기도는 선택이 아닙니다. 시편 109편 4절에는 의미심장한 말씀이 나옵니다. "나는 기도할 뿐이라"(시 109:4). 그런데 이 표현을 원어적으로 보면 이렇게 번역될 수 있습니다. "내가 기도입니다"(I am prayer). 즉 우리 자신이 기도라는 뜻입니다. 주님은 우리가 기도가 되기를 원하십니다. 어느 곳에 가든지 기도하며 살아가는 존재가 되라 하십니다. 잊지 마십시오. 우리가 기도입니다.

3. 아래 빈칸을 채워 보세요.

나는 매일 _____ (언제) 기도합니다.

시간을 따로 떼어 놓고 기도하는 것은 우리의 믿음 성장에 매우 중요합니다. 우리는 여러 모양으로 기도할 수 있습니다. 버스에서도, 지하철에서도 기도할 수 있습니다. 하지만 다니엘처럼 특별히 시간을 따로 떼어 놓고 오직 주님의 얼굴을 구하는 규칙적인 기도 시간은 매우 소중합니다. 그 기도의 시간은 우리 인생의 방향을 오직 하나님께로 둔다는 믿음의 표현이며, 그렇게 살 때 다니엘처럼 주님이 하시는 일을 경험하게 됩니다.

규칙적인 기도 생활을 위해서는 주님과 만나는 기도의 시간을 정해 놓고, 그것을 신실하게 지키려는 헌신이 필요합니다. 시간을 따로 떼어 두는 결단 없이는 기도의 일상을 이어가기 어렵습니다. 그리고 이러한 헌신을 위해 우리는 때로 시간이나 재정 등, 우리가 누릴 수 있는 권리를 내려놓아야 할 때도 있습니다.

모든 사람의 인생 여정에는 굴곡이 있습니다. 마치 롤러코스터를 타는 것 같습니다. 형통한 날이 있고 곤고한 날이 있습니다. 기쁠 때가 있고 통곡할 날도 찾아옵니다. 그때 우리의 감정이 오르락내리락할 수도 있는 것이 사실입니다. 감정을 따라 믿음이 휘둘리곤 합니다. 그러나 그 가운데 시간을 따로 떼어 놓고 기도하는 사람은 마음의 굴곡이 심하지 않습니다. 그 굴곡을 뚫고 걸어갈 수 있는 힘과 평안을 주님으로부터 공급받기 때문입니다. 신실하게 주님을 만나는 시간을 갖는 것은 우리를 일으키는 경건의 습관입니다.

다니엘은 기도 금지법이 공포된 상황에서 어떻게 홀로 기도할 수 있었을까요?

### ── 기도/예배는 어려운 상황에서도 주님만 바라보는 것입니다

기독교 역사상 가장 박해가 심했던 때 중의 하나는 초대 교회 시절입니다. 그때는 예수님을 주님(Lord)이라고 고백하면 죽었습니다. 튀르키예에 가 보면 그 당시 성도들이 땅속으로 들어갔다는 것을 알 수 있습니다. 현재 튀르키예 카파도키아에 가면 데린쿠유라는 곳이 있는데 그 동네에는 독특한 도시 토굴이 형성돼 있습니다. 그 굴의 구멍으로 들어가면 땅속으로 연결됩니다. 이곳이 바로 핍박이 있었던 초대 교회 당시의 유적지입니다.

들어가는 입구는 좁습니다. 그곳은 지하로 7-8층 정도 내려가는데, 안에 들어가면 기가 막히게 잘 연결되어 있습니다. 그리고 그 깊은 곳에 수십 명이 모일 수 있는 넓은 공간이 있습니다. 당시 초대 교회 성도들은 기도하지 못하고 예배할 수 없었을 때 이 땅속에서 기도하며 예배했습니다. 기도와 예배가 환경 때문에 멈추지 않았습니다. 만약 사람이 죽으면 그 토굴 안의 벽에 시신을 넣을 수 있는 공간도 있었습니다. 음식도 해 먹었습니다. 놀랍게도 이 지형의 독특한 특징 때문에 땅에 구멍이 다 뚫려 있어서 연기가 밖으로 안 나가고 땅속으로 스며든다고 합니다.

그곳은 지금 관광지가 되었는데 폐쇄 공포증이 있는 사람은 들어가기 어렵습니다. 그러나 당시 초대 교회 성도들은 땅속으로 들어가서 기도하며 예배했습니다. 초대 교회 성도들이 목숨을 걸고 신앙생활을 하던 때에 하나님은 그들에게 무슨 말씀을 주시고 싶었을까요?

4. 요한계시록 4장 1-11절을 읽어 봅시다. 이 말씀은 어떤 장면을 보여 주고 있나요?

---

로마 황제를 주(lord)라고 부르는 것을 거부하면 목숨을 내놓아야 하는 시대에 하나님은 요한계시록을 주셨습니다. 로마 제국의 웅장함을 나타내는 수많은 시각적인 상징 속에서 살아가던 성도들에게 주님은 요한계시록을 통해서 시각적인 말씀을 주셨습니다. 요한계시록은 하나님이 이루시는 역사를 보여 줍니다. 모든 죄악이 끝난다는 것, 사탄이 활동할지라도 곧 끝날 것이라는 사실 그리고 완전한 하나님의 나라가 도래할 것임을 환상과 그림 등 시각적인 내용을 담은 말씀으로 보여 주고 있습니다.

특별히 요한계시록 4장은 초대 교회 성도들에게 아주 소중한 환상을 보여 주는데 그것은 바로 하늘나라의 예배입니다. 하나님은 핍박받는 성도들에게 천상의 예배를 보여 주십니다. 그들이 이 땅에서 매 주일 드리는 예배가 천국에서 동일하게 드려지고 있다는 것을 눈으로 보게 해 주신 것입니다. 그리고 그것을 봄으로써 비록 오늘도 핍박을 받지만, 예배하는 삶이 영광스럽고 의미심장한 것임을 깨닫도록 하신 것입니다.

> 우리 주 하나님이여 영광과 존귀와 권능을 받으시는 것이 합당하오니 주께서 만물을 지으신지라 만물이 주의 뜻대로 있었고 또 지으심을 받았나이다 하더라 계 4:11

5. 요한계시록 4장 1-11절을 다시 읽어 봅시다. 이 말씀은 초대 교회 성도들에게 어떤 의미가 있었을까요? 여러분에게는 이 장면이 어떤 의미가 있나요?

---

예배는 영광과 존귀를 받으시기에 합당하심을 고백하며 주님을 높이는 것입니다. 예배할 수 없고, 기도할 수 없는 상황 속에 있는 초대 교회 성도들에게 하나님이 이러한 모습을 보여 주신 이유

가 무엇일까요? 중요한 이유가 있습니다. 성도들이 로마 제국만 바라볼 때는 그 제국의 권력에 압도될 것입니다. 예수를 주로 시인하면 죽게 되는 환경에 처한다면 그리고 그러한 상황만 보인다면 누구나 압도당할 것입니다.

그런데 그러한 환경에 처한 성도들에게 하나님은 천상의 예배를 보여 주십니다. 그것은 아주 중요한 것을 가르쳐 주신 것입니다. 로마 제국이 모든 사람을 죽일 수 있는 권력을 가지고 있지만 그들이 세계의 중심이 아닙니다. 돈이 세상의 중심이 아닙니다. 아프지 않고 건강한 것도 인생의 중심이 아닙니다. 심지어 우리 자신마저도 세상의 중심이 아닙니다. 우리가 죽고 사는 문제가 역사의 중심이 아닙니다. 이 세계의 중심은 바로 보좌에 앉으신 하나님이십니다. 우리 인생의 중심이신, 역사의 중심이신 하나님을 바라보는 것이 예배입니다.

바벨론, 메대, 페르시아의 권력이 세계의 중심처럼 보이는 상황에서도 다니엘은 온 세상의 중심이신 하나님께 기도하며 예배하며 나아갔습니다. 자신을 에워싸는 수많은 어려움 속에서도 다니엘은 기도와 예배 가운데서 하나님을 바라보는 삶을 포기하지 않았습니다. 왜냐하면 하나님만이 온 세계의 중심이시기 때문입니다.

어렵다고 기도와 예배를 포기하면 우리 마음 가운데 하나님이 아닌 다른 것들이 중심이 되어 버립니다. 그렇게 되면 우리는 그것들에 압도당하게 됩니다. 그때부터는 불안과 두려움이 엄습해 옵니다. 우리의 기도와 예배는 세계의 중심이시고, 온 땅의 중심이신 주님만을 의지하겠다는 결단의 표현입니다. 이것이 바로 '여호와께 돌아가라'는 표현이기도 합니다. 유진 피터슨(Eugene Peterson)은 "예배는 중심을 잡는 행위"(Worship is centering)[27]라고 정의합니다. 우리의 기도와 예배는 환경 때문에 멈출 수 있는 것이 아닙니다. 오히려 어려운 일이 닥칠 때, 우리의 마음을 주님으로 중심 잡는 행위가 바로 기도와 예배입니다.

> 예배 시 하나님은 자기 백성을 중심이 되는 자신에게로 모으신다. … 이는 우리가 중심에서 이탈하지 않고 하나님 중심으로 살게 하기 위해서다. 우리가 예배하는 것은 이 중심, 곧 살아계신 하나님께 반응하면서 그리고 그분께 의지해서 살기 위해서다.[28]

6. 기도 금지법이 발표된 위기의 상황에서 다니엘이 기도하고 있는 장면을 그림으로 상상해 보십시오. 우리도 과연 위협과 두려움에 사로잡힐 때 이렇게 기도하는 사람입니까? 여러분은 그래도 기도하는 자리로 나아갈 것입니까? 다니엘이 나아간 이유가 있다면, 늘 기도하고 있었기 때문입니다. 다니엘의 기도를 생각할 때 혹시 생각나는 그림, 사진, 포스터 또는 상징물이 있나요? 서로 나누어 주세요.

다니엘의 기도를 이렇게 비유해 보고 싶습니다. 여러분이 지금 관객들이 많은 한 공연장의 무대에 서 있다고 상상해 보시기 바랍니다. 만약 조명이 환하게 켜져 있어서 그 수많은 관객을 보고 있다면, 보통 사람이라면 마음이 많이 떨릴 것입니다. 그런데 그 관객의 수를 문제의 수라고 생각해 보세요. 각 관객 하나하나가 각각의 문제라고 생각해 보세요. 여러분은 수많은 문제를 눈으로 확인할 수 있습니다. 그때 살맛이 날까요? 아마도 문제에 압도당할 것입니다. 이처럼 우리 인생에는 수많은 문제가 있어 우리를 압도하려 합니다. 그 문제들이 우리 인생에서 중심처럼 행동합니다.

이때 다니엘처럼 기도한다는 것은 이런 의미입니다. 이 공연장 맨 뒤쪽에 예수님이 오셨다고 상상해 보시기 바랍니다. 그리고 이 공연장의 조명이 다 꺼졌다고 상상해 보세요. 아무도 보이지 않게 됩니다. 다른 말로 하면 아무런 문제도 보이지 않습니다. 수많은 문제가 눈앞에 보이지 않습니다. 그럼 마음은 편할 수 있습니다. 하지만 문제가 없는 것은 아닙니다. 단지 보이지 않을 뿐입니다. 그때 조명 하나가 공연장 맨 뒤에 계신 예수님을 비춘다고 생각해 보세요. 예수님이 보일 것입니다. 그분께 모든 시선을 둘 것입니다.

저는 다니엘의 기도가 이와 같다고 생각합니다. 수많은 문제가 사라진 것이 아닙니다. 문제는 여전히 그 자리에 있습니다. 그러나 그 한가운데서 주님을 홀로 만나는 것입니다. 예수님을 비춘 조명이 켜진 시간이 하루에 5분이면 5분, 30분이면 30분 동안 주님 앞에 머무는 것입니다. 그렇게 규칙적으로 주님을 바라보는 자에게 하나님이 주시는 축복을 상상해 보기 바랍니다.

> 인생의 환상의 끝나는 시점은 어느 면에서 믿음에 바탕을 둔 새 삶의 출발점이 되기도 한다.[29]

7. 고린도후서 4장 7-10절을 읽어 봅시다. 여러분은 이 말씀을 삶에서 체험한 적이 있나요? 언제 그랬는지 나누어 주세요. 만약 그런 경험이 없다면 이 말씀에 대한 여러분의 생각을 나누어 주세요.

---

인생이 수많은 문제로 욱여쌈을 당했는데 주님과 만나는 시간이 있는 자는 그 문제에 싸이지 않습니다. 왜냐하면 그에게 예수님은 실제이며 현실이시기 때문입니다.

다니엘의 기도 시간은 수많은 문제 앞에서 하나님 앞에 나아가 그분을 일대일로 만나는 시간입니다. 문제가 주인으로 다스리는 삶이 아니라 주님이 중심되시는 삶을 되찾는 것입니다. 그래서 다니엘은 기도합니다. 그래서 다니엘은 예배합니다.

우리의 인생에 왕이 되려는 것이 너무 많습니다. 기도는 그것들을 다 무너뜨리는 시간입니다. 예배는 누가 진정한 왕이신지를 선포하며 경배하는 시간입니다. 수많은 문제가 나를 노려보는 가운데서도, 기도는 그 문제들 앞에서 주님만 바라보는 것입니다.

만약 모세가 200만 명의 불평만 듣고 살았다면 그 길을 일찍 포기했을지도 모릅니다. 하지만 모세는 수많은 불평 앞에서 호렙산에 올라 홀로 주님 앞에 섰습니다. 그분의 말씀 한마디면 200만 명의 말을 이길 수 있었습니다. 하나님이 주신 말씀이 사람의 말을 이깁니다. 기도는 내 인생에 문제가 없다고 무시하는 행동이 아닙니다. 기도는 문제만 바라보는 시선을 잠시 내려놓고, 내 인생과 역사의 주인 되신 주님만 바라봄으로써 주님이 문제를 다스리시도록 내어드리는 역전의 시간입니다.

> 인류 역사상 가장 암담했던 날을 해피엔딩으로 반전시킨 하나님이라면, 그 비극의 금요일을 성금요일로 바꾸신 하나님이라면, 우리 삶의 고통 또한 하나님이 해결하실 수 있다는 희망을 품어야 한다. 하나님은 예수님의 부활을 통해 우리에게 그 사실을 약속하셨다.[30]

욱여쌈을 당하여도 싸이지 않는 길이 있습니다. 답답한 일을 당하여도 낙심하지 않는 삶이 있습니다. 거꾸러뜨림을 당하여도 망하지 않는 방법이 있습니다. 바로 주님을 바라보는 것입니다. 어떤 상황도 왕이 되지 않도록 바다를 밟고 걸어오시는 주님을 바라보는 것입니다. 이것이 우리가 드려야 할 기도이고 예배입니다.

## 나눔과 기도

우리 인생에 왕이 되려고 하는 것이 너무 많습니다. 특별히 우리 앞에 놓여 있는 문제들은 우리의 왕이 되어 다스리려 합니다. 그 앞에서 우리를 두려워 떨게 만듭니다. 그때 기도는 그러한 현실 속에서 나의 왕이신 하나님을 바라보는 시간입니다. 하나님 앞에 엎드리는 사람은 모든 상황에서 예배할 것입니다. 문제를 다스리시는 주님을 바라보기 때문입니다. 그러한 기도의 시간에 우리는 문제들을 믿음으로 대하는 법을 배우게 됩니다. 그래서 기도는 인생의 거친 풍랑을 헤쳐 나아가게 하는 하나님의 능력입니다.

1. 지금 여러분의 삶에서는 무엇이 왕 노릇을 하고 있나요? 여러분을 가장 많이 흔드는 것은 무엇인가요?

🙏 요한계시록 4장은 천상의 예배를 통해 예수 그리스도만이 우리 인생의 왕이심을 명확하게 보여 줍니다. 슬픔과 고통과 아픔이 가득한 이 세상 한가운데서 천상의 예배를 본

사람은 문제라는 현실에 압도당하지 않을 것입니다. 왜냐하면 그는 또 다른 실제를 마주하고 있기 때문입니다. 바로 예수 그리스도가 여전히 왕이신 영광의 현실입니다.

수많은 문제가 나를 바라보는 현실 속에서도 하늘 보좌에 앉아 온 땅을 통치하시는 주님을 믿음의 눈으로 바라보고 기도하며 살아가는 이 시대의 다니엘이 되기를 소원합니다. 온 세상을 다스리시는 보좌에 앉으신 주님을 바라봄으로 이 땅의 문제를 이기며 살도록 기도하십시오.

2. 자신의 기도 생활을 돌아보십시오. 만일 부족한 우리의 모습을 보시고 하나님이 오늘 '나에게만' 꼭 해 주시고 싶은 말씀이 있다면 무엇이라고 생각하십니까? 서로 나누어 보십시오.

🙏 어떤 이에게는 하나님이 "정신차려라! 너 어떻게 하다가 이렇게 되었느냐?" 이렇게 말씀하실 수도 있습니다. 어떤 이에게는 "내가 너의 간구를 듣고 있다. 내가 너의 아픔을 안다"라고 말씀하실 수도 있습니다.

기도를 가지고 사는 분들이라면 "하나님, 저의 기도에 귀를 기울여 주셔서 감사합니다"라고 고백하십시오. "엎드리고 또 엎드리겠습니다"라고 고백하십시오. 기도가 중단된 사람이 있다면 "주님, 죄송합니다. 기도 없이 사는 삶에서 돌이키게 해 주십시오"라고 외치십시오. "오늘 제 인생에 기도의 문을 열어 주십시오"라고 간구하십시오. 기도하지 못하고 있는 저에게 주님이 하시는 말씀을 듣게 해 달라고 부르짖으십시오. "주님, 저를 도와주십시오", "주님, 저를 기도하지 않는 삶에서 건져 주십시오. 기도가 능력임을 체험하는 자리로 나아가게 해 주십시오." 오늘 우리의 기도가 살아나는 날이 되게 해 달라고 함께 손잡고 기도하십시오.

3. 다니엘이 혼돈의 시대에 두려움을 이기고 평안 중에 거했던 이유는 신실하게 하나님을 바라보며 기도하는 시간이 있었기 때문입니다. 하나님 앞에 어떤 기도 생활을 하고 싶은지, 구체적으로 어느 시간에 기도할 것인지, 하나님께 드리는 자신의 기도문을 적어 보시기 바랍니다. 서로 나누는 내용이 아니라 나의 골방 기도 생활이 되도록 솔직하게 적어 보십시오. 제목은 "나의 골방 기도"입니다. 서로에게 보여 줄 필요는 없습니다. 하나님과 나만이 아는 기도문이 될 것입니다. 그리고 실천하기 위해 도전해 보십시오. (새벽 기도 및 금요 기도회 참여부터 개인의 기도

시간에 관하여 구체적으로, 주님 앞에서 규칙적인 기도 생활을 어떻게 하고 싶은지 자신의 결단을 드려 보십시오.)

🙏 인생에는 저마다의 굴곡이 롤러코스터처럼 찾아옵니다. 평정심을 유지하면서 살아가는 길은 규칙적으로 그리고 신실하게 주님을 만나는 시간을 갖는 것입니다. 우리는 걸으면서, 운동하면서, 출근하면서도 기도할 수 있습니다. 하지만 우리가 일주일의 시간 속에서 5분이든 10분이든 모든 것을 멈추고 기도하는 시간은 너무나 중요합니다. 기도하는 10분, 20분이 우리의 하루 24시간을 다스릴 수 있습니다. 하나님은 나의 기도를 기다리고 계십니다. 기도하는 사람의 인생은 '나의 이야기'(My Story)가 아니라 '하나님의 이야기'(His Story)가 될 것입니다.

## 결단의 기도

하나님 아버지, 오늘 제가 엎드립니다. 기도 없는 삶에 익숙해진 저를 용서해 주십시오. 세상의 것을 얻는 데 예민했고 분주했지만 주님께 나아가는 데 서툴고 소홀했던 죄를 회개합니다. 주님, 죄송합니다. 저를 기도의 사람으로 빚어 주십시오. 고쳐 주십시오. 저의 기도가 살아 있기를 소원합니다. 주님의 이름을 부르는 정직한 기도가 저의 심령에 살아 있기를 원합니다.

하나님과 저만 아는 골방 기도를 가지고 평생을 걸어가는 한 사람의 성도가 되게 해 주십시오. 풍랑 앞에서 기도의 두 손을 들게 하시고, 두려움 앞에서 주님의 왕 되심을 선포하게 하옵소서. 쓰러진 자의 손을 붙들어 주는 사랑과 상처 입은 자를 품고 울어 줄 수 있는 기도를 가슴에 가지고 살아가도록 도와주십시오. 예수님의 이름으로 기도합니다. 아멘.

우리가 이 보배를 질그릇에 가졌으니
이는 심히 큰 능력은 하나님께 있고
우리에게 있지 아니함을 알게 하려 함이라
우리가 사방으로 욱여쌈을 당하여도 싸이지 아니하며
답답한 일을 당하여도 낙심하지 아니하며
박해를 받아도 버린 바 되지 아니하며
거꾸러뜨림을 당하여도 망하지 아니하고
우리가 항상 예수의 죽음을 몸에 짊어짐은
예수의 생명이 또한 우리 몸에 나타나게 하려 함이라

고후 4:7-10

## 삽화 설명

제1과

## 바울의 기도 I :
## 하나님을 알게 하옵소서

죽어 있던 바울의 검은 가슴은 예수님의 붉은 피로 새로워지고, 땅에 엎드려 있던 그의 몸은 방향을 돌이켜 일어섭니다. 세상 꽃들이 죽음의 뿌리를 지녔다면, 바울 안에서는 생명의 뿌리로 바뀌어, 마침내 생명의 꽃이신 예수 그리스도를 피워냅니다. 성부의 택하심으로 십자가의 구속은 창세 전에 이미 준비되었고, 성자의 손에 흐른 보혈로 그 구속은 역사 속 현실이 되었으며, 성령의 보호하심 안에서 구속의 역사는 지금도 우리 안에서 살아 움직입니다. 바울의 심장 안에 계신 주님으로 인해 에베소서의 찬송은 멈추지 않고 흐르고, 그는 날마다 깨어 예수의 발자취를 따르며 한 걸음 한 걸음 하나님을 더욱 깊이 알아갑니다. 이제 전도자는 복음을 들고, 예수님을 따라 이 땅의 거친 광야를 걸어갑니다. 믿음의 조상들이 멀리서 바라보던 별들의 길, 그 거룩한 하늘의 길을 따라 걷습니다.

제2과

# 바울의 기도 Ⅱ
# 부르심의 소망을 보게 하옵소서

날마다 말씀 앞에 설 때 믿음의 눈이 열려 주님을 바라보며 바른 신앙, 바른 삶을 살게 됩니다. 하나님의 말씀은 질서 있는 악보처럼 펼쳐져 있고, 별처럼 빛나는 진리의 향연입니다. 소망 없이 차갑게 식어 있던 모세의 인생에 하나님은 뜨거운 은혜의 불길을 일으키시며, 새로운 소망의 자리로 부르십니다. 말씀이 펼쳐질 때, 그는 자신의 성취를 내려놓고 하나님께 삶을 드렸고, 이스라엘 백성은 그런 모세에게 속하여 구름과 바다에서 세례를 받았습니다(고전 10:1-2). 예수님은 불과 성령의 세례를 주셨습니다. 세례 받고 변화된 영혼들은 하나님의 기업이 되어, 풍성한 물고기처럼 영광의 주님을 향해 나아갑니다. 예수님은 그 별들의 이야기 속으로(말씀 속으로) 바울을 부르시며 초대하십니다.

삽화 설명

제3과

# 느헤미야의 기도 I :
# 사명을 깨닫게 하옵소서

느헤미야는 또 하나의 여행 이야기입니다. 하나님의 약속의 말씀을 듣고 하늘의 별을 바라보며 순종의 길을 걸었던 아브라함처럼, 느헤미야도 하나님이 펼쳐가시는 이야기 속으로 그 걸음을 내딛습니다. 느헤미야의 시대에 이스라엘 백성은 타락하여 하나님을 버렸고, 결국 멸망을 맞이합니다. 신앙을 회복하기 위해 세 차례에 걸쳐 본국으로 귀환하지만, 이미 모든 것이 무너진 현실 앞에서 깊은 좌절에 빠집니다. 그 모든 소식을 들은 느헤미야는 울고 슬퍼하며 기도하기 시작합니다. 그의 눈물의 기도가 결국 이스라엘 회복의 사명을 이루어낸 것처럼, 예수님도 겟세마네의 기도를 통해 부활과 십자가의 구원을 완성하셨습니다. 기도가 시작되면 우리는 이미 사명의 깃발을 들고 약속의 땅에 서 있는 것과 같습니다. 가나안까지 가는 길도, 약속의 땅이기 때문입니다.

제4과

# 느헤미야의 기도 Ⅱ :
# 주님의 뜻을 행하게 하옵소서

기도는 어려운 상황을 부정하는 시간이 아닙니다. 오히려 우리가 처한 깨어짐과 아픔의 실체를 있는 그대로 직면하는 시간입니다. 그리고 바로 그 시간 속에서 기도의 축복이 태어납니다. 느헤미야는 욕망이 주도하는 세상의 근심이 아니라, 하나님의 꿈에 이끌린 거룩한 근심으로 기도합니다. 페르시아 왕 앞에 나아가기 전에도 그는 하늘의 왕이신 주님을 향하여 변함없이 기도합니다. 홍해와 요단강을 가르셨던 하나님이 나일강의 닫힌 문을 여시고, 갈대 상자 속 모세를 통해 이스라엘 백성을 구원하셨습니다. 그리고 생명의 나무, 십자가를 통해 예수님은 닫힌 구원의 문을 열어 주셨습니다.

삽화 설명

제5과

# 다니엘의 기도 I :
# 하늘 문을 열어 주옵소서

고난의 시간을 통과하며, 다니엘은 폭풍을 바라보지 말고 주님을 바라보라고 권합니다. 폭풍 같은 현실은 주님을 향해 날마다 기도하는 다니엘을 기다리시는 주님의 장소였습니다. 다니엘의 눈높이까지 내려오신 주님이 고난 속에서도 그를 지키시고, 하늘 문을 여셔서 다니엘을 건져내십니다. 주님을 구하고 찾았더니 다니엘이 머물던 사자 굴은 찬송이 가득한 은혜의 성전이 되었고, 삭개오가 살던 외롭고 메마른 삶은 구원과 영광이 머무는 간증의 재료가 되었습니다.

제6과

# 다니엘의 기도 Ⅱ :
# 끝까지 믿음으로 살게 하옵소서

기도와 예배를 금지하는 법이 제정된 세상 속에서 홀로 예배하는 다니엘이 있습니다. 성도 하나 없는 곳에서 홀로 말씀을 들어 올리는 목회자도 있습니다. 성경은 상황과 환경에 굴하지 않고, 홀로 예배하는 우리를 '하나님의 성전'이라 말씀합니다. 즉, 우리 자신이 기도라는 뜻입니다. 기도하며 나아가는 다니엘은 온 세상의 중심이 주님이심을 선포하고, 내 심장의 중심이신 주님을 바라봅니다. 기도는 어떤 상황도 삶의 주인 자리에 앉지 못하도록, 바다 위를 걸어오시는 주님을 바라보는 믿음의 시선입니다. 그래서 기도는 우리 인생에 왕이 되려는 가시 같은 '나'를 끌어안고, 인생의 거친 풍랑을 헤쳐 나아가게 하시는 하나님의 능력입니다.

삽화 설명

## 그림 작가의 말

박신일 목사님의 글은 누군가의 발걸음이 멈춘 자리로 우리를 이끈다. 무너진 성벽 앞으로, 흔들리는 갈대 상자 안으로, 어둠의 사자 굴속으로, 침묵의 십자가 아래로 그 자리마다 깃든 숨결을 따라 조심스레 선을 그었더니 내가 그린 것은 색과 선이 아니라 말씀 앞에 머문 한 사람의 고요한 기도였다.

## 프롤로그

1  오 할레스비,《할레스비의 기도》(서울: CH북스, 2024), 20.

## 제1과

2  팀 켈러,《팀 켈러의 기도》(서울: 두란노, 2020), 233.
3  참고: Nelson's Complete Book of Bible Maps & Charts, 1993, Thomas Nelson, Inc.
4  래리 크랩,《고통 속에서 하나님을 발견하다》(서울: 복있는사람, 2019), 21.
5  잔느 귀용,《영적 성장 깊이 체험하기》(서울: 생명의말씀사, 2007), 38.
6  같은 책, 35.

## 제2과

7  같은 책, 165.
8  참고: Nelson's Complete Book of Bible Maps & Charts, 1993, Thomas Nelson, Inc.
9  존 파이퍼,《지상에서 가장 큰 기쁨》(서울: 좋은씨앗, 2002), 22.
10  팀 켈러, 같은 책, 37.
11  A. W. 토저,《이것이 성공이다》(서울: 규장, 2005), 107.
12  데이빗 프라이어,《고난과 영광》(서울: 두란노, 1991), 77.

## 제3과

13  스탠리 하우어워스 & 윌리엄 윌리몬,《하나님의 나그네 된 백성》(서울: 복있는사람, 2021), 82.
14  같은 책, 83.
15  데이빗 프라이어, 같은 책, 25.

16  오 할레스비, 같은 책, 19.
17  같은 책, 19.

## 제4과

18  같은 책, 24.
19  같은 책, 82.
20  잔느 귀용,《예수 그리스도를 깊이 체험하기》(서울: 생명의말씀사, 2009), 137.

## 제5과

21  켄 가이어,《폭풍 속의 주님》(서울: 두란노, 2014), 17-18.
22  팀 켈러, 같은 책, 333.
23  켄 가이어, 같은 책, 49.

## 제6과

24  헨리 나우웬,《꼭 필요한 것 한 가지, 기도의 삶》(서울: 복있는사람, 2009), 37-38.
25  E. M. 바운즈,《기도의 심장》(서울: 규장, 2007), 170.
26  같은 책, 170.
27  유진 피터슨,《묵시: 현실을 새롭게 하는 영성》(서울: IVP, 2002), 95.
28  같은 책, 95.
29  도널드 맥컬로우,《광야를 지나는 법》(서울: 도마의길, 2008), 30.
30  같은 책, 181.